U0527372

超级高效术

让你的
生活、工作和学习
快人一步

朱丹
著

中信出版集团 | 北京

图书在版编目（CIP）数据

超级高效术：让你的生活、工作和学习快人一步 / 朱丹著. -- 北京：中信出版社, 2020.9
ISBN 978-7-5217-1922-2

Ⅰ.①超… Ⅱ.①朱… Ⅲ.①效率--通俗读物 Ⅳ.
① C934-49

中国版本图书馆 CIP 数据核字 (2020) 第 089689 号

超级高效术：让你的生活、工作和学习快人一步

著　　者：朱丹
出版发行：中信出版集团股份有限公司
（北京市朝阳区惠新东街甲 4 号富盛大厦 2 座　邮编 100029）
承　印　者：河北鹏润印刷有限公司

开　本：880mm×1230mm 1/32	印　张：7.75	字　数：120 千字
版　次：2020 年 9 月第 1 版	印　次：2020 年 9 月第 1 次印刷	

书　号：ISBN 978-7-5217-1922-2
定　价：49.00 元

版权所有·侵权必究
如有印刷、装订问题，本公司负责调换
服务热线：400-600-8099
投稿邮箱：author@citicpub.com

目录

序言：
应对时代巨变，
设计高效人生 / V

高效的人生设计

人生设计：
未来充满挑战，
怎样规划人生？ / 002

三种资产：
20~35 岁的年轻人，
怎样让个人积蓄最大化？ / 011

高效的工作技能

信息获取：
职场打拼，
建立优秀的搜索智囊团 / 024

工作流程：
一个人如何像
一个团队？ / 037

在线工具：
找到神器，助你轻松
应对各种职场难题 / 048

提高适商：
时代日新月异，
如何迅速适应未来职场？ / 058

高效的思维习惯

高效专注：
集中注意力，
每天只用工作四小时 / 072

思维修炼：
学霸的三种思维，
教你进阶职场高手 / 086

精明外包术：
如何平衡
99% 的工作、生活冲突？ / 096

高效的学习方法

语言学习：
人工智能时代，
如何快速掌握一门外语？ / 108

高效记忆：
信息爆炸时代，
如何做到"过目不忘"？ / 115

学历提升：
拿下正规学历，
为高效人生开启绿灯 / 126

高效应试：
职称、技能考试，
助你丰满羽翼 / 140

高效的学习技能

习惯养成：
微习惯，
让身体和意识自动学习 / 152

思维整理：
做任何事，
都能形成一套方法论 / 160

知识系统：
用这套工具，
搭建牢固的知识体系 / 174

高效的职业规划

求职策略：
刚毕业，没经验，
教你如何找到好工作 / 184

无忧跳槽：
不愁工作，
让猎头主动送上门 / 194

升职加薪：
打造个人品牌，短时间
获得升职加薪机会 / 203

赚钱机器：
实现"睡后收入"
能养活自己 / 214

风险规避：
用好工具，
提前规避风险 / 224

结语 / 233

序言：应对时代巨变，设计高效人生

不少人可能听过这样一段话："关于个人成长与人生选择过程有三个悖论。16~18岁，在对学科与知识一无所知的时候就被要求选择自己的专业；22~25岁，在对商业世界运行规则毫无概念的时候就被要求选择工作方向；25~28岁，在对自己和人际关系一知半解的情况下就被要求确定长期伴侣。这样想来，其实人生出问题是一个大概率事件。"大多数普通人很多时候都处在一个非常被动的位置，还没有看清楚和想明白，就要做出一个个重要的人生选择。

不少人会问，如果我提前做好职业规划、婚前咨询，是否就可以过好自己的人生呢？10年之前也许可以，但现在以及未来，我们的人生很难被规划。

在这个发展迅速的人工智能时代，提前做好职业规划已经远远不够应对人生的变化，许多职业面临被淘汰的风险。

研究表明，在未来，电话销售员、会计、银行柜员、客服已经被列入 90% 以上淘汰概率的高危领域，而艺术家、教师、记者、心理医生被淘汰的概率低于 5%。这非常值得我们思考：什么职业是容易被淘汰的？什么职业是不易被淘汰的？当看到大量的职业被淘汰的时候，你是否想过你的职业有一天也会面临相同的局面？

在 2019 年的国际媒体与教育大会上，围绕"人工智能与教育"这一主题，专家们提出了在人工智能时代，社会所稀缺和需要的是大批量的创新型人才，因为他们具备人工智能替代不了的价值和优势。

同时，随着社会、科技、医疗的进步，我们的寿命可能会越来越长，有更大概率可以活到 100 岁，所以在未来世界，我们一定会面对越来越多的不确定因素。比如，我们的养老金是否足够支撑我们过上高质量的晚年生活？我们是否能够在正常年龄退休？如果退休年龄延迟，那么我们还可以做哪些工作？面对这些不确定因素，我们要准备好哪些能力，才能更好地迎接这个时代的巨变呢？

这里，我提出一个概念：想要高效应对时代的巨变，就要设计一个高效人生。何为高效？在这个瞬息万变的时代，一个人如果可以获得更多的资源，以更高的效率配置资源，那么实现人生目标的时间就会缩短。以我自己为例，我面向未来的成长规划有以下几个阶段。

从职场职员起步,做未来规划

我从大二时开始从事英语口译、笔译方面的兼职工作,大四开始进入东软集团担任在线英语教师,两年后进入美联国际教育集团,工作了五年。在这些职场经历中,我的主要目标不是挣到多少钱,而是尽可能让自己在一个公司中负责越来越核心的业务,从学习职场必备技能做起,尽可能多地将自己暴露在问题和困难中,想象着如果没有了老板和上级的帮助,自己能否独当一面;尽可能把业余时间都用来查阅相关资源和浏览相关网站,拓展职业认知,训练和积累职场中高层所需的技能和素养。

敏锐地捕捉行业发展和技术趋势,做更有发展价值的工作

在我职业发展的上升期,我选择去香港大学攻读硕士学位。如果继续在既有的职业轨道上发展,日复一日的重复可能会让我逐渐变得迟钝,无法敏锐地捕捉最新的行业发展和技术趋势。这时,我强烈渴求对自己的未来做出清晰的规划和定位——我到底会什么,不会什么,热爱什么,不喜欢什么?我还会将自己所掌握的技能与热门行业所需的能力做比较。在香港大学结束了全日制硕士课程的学习后,我获得了以全额奖学金攻读香港大学博士学位的机会,师从罗陆慧英教授(Prof. Nancy Law,香港大学教

育学院教授、香港大学教育学院教育应用资讯科技发展研究中心创所主任），曾与导师一起参与《在正式、非正式和开放学习环境下电子学习的全球趋势及为可持续发展香港可采取的政策选择及其影响研究》《电子学习支援科学学科自主学习研究》《电子学习支援STEM学科自主学习研究》等课题。

在香港大学读书的这六年极大地拓宽了我在教育技术方面的眼界，让我具备了前沿的教育思想，拓展了我在相关行业的顶尖人脉。而我在香港大学所学的内容又反过来促使我在工作中抓住最有价值的部分，这些又为我成为连锁教育机构副总裁、上市教育科技公司CTO（首席技术官）奠定了基础。尽管那时既要上班，又要带两个娃，利用下班时间攻读硕士和博士非常辛苦，对很多人来说非常不可思议，甚至不愿相信，但我这六年就是这么过来的，它成为我人生中最宝贵的一段经历。如果未来任何时候有需要，那么我都会再次选择过这种多线程的人生，随时让自己可以通过另一段硕士或博士的求学经历，捕捉到最新的科研成果和行业动态，为将来做更有价值的工作奠定基础。

缩减工作量，却能创造更高的价值

在香港大学攻读博士的第三年，我开始投入一部分时间和精力到个人品牌建设中，并根据自己过往的工作经验和接触到的前沿行业发展趋势制订了属于我的人生长期规划。在原来的工作、求学之外，我又增加了打造个人品牌这条线，陆续开发了"超级搜索术""快速成为解决问题的高手""超级高效术""超级信息整理术""成为自学高手""自学力训练营""超级搜索力训练营"等课程产品，影响了全网上百万学习者，同时我还创立了微信公众号"学霸星球"作为自己课程产品、书籍和个人品牌的长期载体，随后创立了拥有两万多名会员的"朱丹的学霸社群"。随着产品和个人都在不断升级，我又进一步将课程和书籍中没有讲到的内容系统整理进"信息圈"社群，将自己学习、钻研这些领域时所看的好书分享出来——建立"好书圈"社群，尽可能让自己的升级迭代方法以最快的速度传递到更多人的脑中。

随着两个孩子以及个人的成长，我的时间和精力越来越宝贵，所以我必须减少工作和学业上所花费的时间，同时还要提高单位时间的效率，才能实现平衡。于是我根据自己的长远规划，在工作内容上做出优先级列表，在项目管理、团队管理、精力管理、习惯养成等方面形成了一套全新的方法。随着时间推移，我从给自己不断做加法转向慢慢给自己做减法，一步步地降低职场工作和港大学业的比重，将自己的精力聚焦到对我实现人生目标最有价值的个人品牌建设上。通过优先级的管理，我缩减了相应部分的工作量，又重新在其他地方创造出更高的价值；在做减法的过程中，我有了更多富余的时间去探索未来的可能性。

如何高效工作和学习？

在过去的这些年里，我每天在各个身份间转换：一会儿要交这学期的硕士小论文和毕业大论文，一会儿要去参加博士的试用期答辩，一会儿又到了交课稿的截止日期，一会儿要交书稿了，一会儿要出差宣讲公司的大数据新产品，一会儿要做年度预算，……想要高效地完成多项性质完全不同的工作和学习任务，靠传统的方法和工具是绝对不可能的。如果沿用老方法，无异于用原始社会的刀耕火种在现代社会谋生存、谋发展。尽管我手头的事情看似很多，但实际上我比 90% 的人花费在工作和学习上的时间都少很多，因此，我们要高效获取信息，设计高效的工作流程，熟练掌握各种在线工具，集中自己的注意力，修炼自己的思维认知，学会如何学习。这些好的方法让我终身受益，不仅让我提高了做事效率，还能让我保持充沛的精力，我很乐于分享出来让更多人从中受益。

如何实现跳跃性成长？

高效工作和学习能让我们实现线性成长，而如果想实现跳跃性成长，我们就要结交不同圈层的朋友，尽量扩大和丰富自己的圈子，保持对信息的敏锐度，善于抓住良机。我在学术领域、商业领域、个人品牌领域都算不上最完美的，但是我很庆幸能够把自己在学术领域所获得的新知运用到商业、个人品牌、育儿上，同时把自己在日常工作和生活中所获得的灵感运用到作品的创作等方面。在我所遇到的人中，与我有类似经历的人凤毛麟角，所以才有许多在某一方面比我优秀得多的人愿意来向我请教。其秘诀就在于我习惯将自己在不同圈子所获得的灵感经过创新组合，用于解决其他圈子中所遇到的问题。这个时候，人脉、品牌、财富、家庭、心智算法都能够重新得以整合，发挥出聚合的超能力。

在这个过程中，我认为，我之所以能提前达成各项目标，主要有两个原因：

第一，高效配置资源的能力。你可以理解为，调动自己的工作、家庭、财务等资源，并进行高效的运用与实践。

第二，以未来为驱动的高效成长策略。这让我在应对这个世界的变化时更加得心应手，从而实现高效人生的计划和目标。

高效可以让我们拥有更强的人生幸福感。参与自我高效人生的设计，提前做好对未来的应变和规划，获得比一般人更多的智慧，能帮助我们在新时代更高效地获得更多资源和人脉。我们要在智能时代大转弯的背景下，抓住时代机遇，实现人生的突围和逆袭。

第一章

高效的人生设计

人生设计：未来充满挑战，怎样规划人生？

2018年，网易裁员，因为岗位机制更新换代，应届生们满怀期待的工作机会落空。

2019年，甲骨文裁员，许多学历背景漂亮的简历被人力主管判定为"技术还不如工作三五年的工程师"。

同样是2019年，华为面向全球遴选天才少年，人工智能类职位甚至开出200万元年薪的天价。

当我们的能力越来越不为这个时代所用，当我们越来越跟不上这个时代的节奏，"优胜劣汰"的生存法则就体现得更明显了，对于普通人来说，世界就更加残酷了。

所以，你觉得未来社会的就业结构应该是怎样的？要我说，未来就是机器人、人工智能与人类共舞的时代。未来就是旧职业被迅速淘汰，新职业迅速地升级、转型的时代。未来就是如果不更新观念、不刷新自己的内置系统，就可能面临失业的时代。

失业这个问题也许不可避免，但我们现在可以不断打磨自己不会被人工智能、机器人复制或替代的技能和能力。为了解决这种"失业矛盾",我们必须增强能力,提高素养,根据时代发展调整自己的应变能力,从不确定性中获益。

在任何时代,高效都是我们制胜的法宝。那么什么样的人生才是高效的呢?在我看来,高效的人生包括以下三个方面。

能够高效率地获取更多的资源

通过扩充信息量、升级心智能力、拓展人脉资源、提升自己的精力,我们在未来社会中能快速聚拢信息、抢占先机。不论是现在还是未来,一个人拥有多少资源,就意味着拥有多少能力。同样,有能力的人所拥有的资源也会是更多的,因为他们能快速聚拢人脉资源、财力资源、社会资源等。

能够以更高的效率配置资源

通过优化时间配置、社交方案,提升自己的领导力,掌握更先进的社会经济法则,我们才能实现资源的高效使用。当你拥有数量庞大的资源后,你会怎么利用呢?如果是巴菲特,他一定会根据自己的能力投资,让自己的资源不断升值;对于普通人来说,我们是不是也应该学着巧妙地配置自己的资源,让自己的健康、财富和人脉这些无形资产更具有生机和活力呢?这种能力,是可以通过后天的训练获得的，这在无形之中给了我们普通人同等的机会。

能够面向未来，高效拓展更多有效资源

拥有和配置资源后，最应该做的，就是不断拓展资源，确保自己拥有的资源和能力不断提升。

我们经常看到很多人参加各种学术会议、研讨、交流等活动，而且这批人要么学术能力出色，要么财富积累能力突出。他们的共同之处在于，非常注重不断拓展资源。不论是参加会议还是社交，我们都有机会拓宽学业、事业上的视野，丰富社交圈层和人脉，见识各种各样的想法，和不同的人成为朋友，产生合作和连接。这是高效拓展资源的一种方式。

我把拥有以上特点的能力称为"高效能力"。时代正在转一个巨大的弯，我们只有发挥高效能力，才能实现弯道超车。未来的步伐越来越快，我们传统的三段式人生（上学—工作—退休）模式正在被加速淘汰，我们的人生正向"多线组合式"（上学＋探索＋工作＋过渡＋组合＋退休）发展。也就是说，想成为更加有能力、更加自信的人，我们就必须看到未来的发展趋势，和不同的事物接触，拓展自己的视野、人脉和信息量，在稳固原有资源的基础上不断拓展新的有效资源。那么，我们该如何培养高效能力呢？

我们需要注意这三点。

第一个注意的点是要培养"未来能力"意识——要看到未来的社会需要什么样的能力。当我们的孩子还在以高考为轴心，苦学到深夜只为了考上好大学、改变家族命运的时候，新加坡早已开始了对教育理念的重构。因为土地面积狭小，生存资源有限，新加坡政府对于人力资源的配置做到了极致：小学生要通过小升初考试将自己的能力划分为不同类型。也就是说，从初中开始，孩子们就能意识到自己擅长什么，拥有什么能力，适合往哪些方向发展了。而从初中开始的教育将孩子分为不同的能力圈层，目的是让人才发挥所长，在未来的社会中各尽其用。该教育计划非常注重沟通协作、计算机思维、创造性思维、决策力、信息素养、解决问题的能力、全球思维、人际交往、领导力、终身学习能力、团队协作、跨领域思考、虚拟协作等方面。而这些能力和素养都是人类比人工智能或机器更擅长，也更有可能做得出色且不容易被替代的地方。

我们可以回想一下，作为人类，我们与机器人、人工智能相比，到底哪些能力素养更加不容易被复制或取代呢？以我的经验来看，以下这些能力素养就是我们应当更加重视的方向。

第一类是与解决复杂问题相关的技能。这类技能依赖于专业知识、归纳推理能力或沟通能力，这些是人类独有的、无可替代的技能。

第二类独特技能与人际交往和情景适应有关。人类拥有很强的适应能力，这一点也是无可替代的能力。尽管现在的科技很发达，机器人可以轻松地执行很复杂的分析任务，但让它们像小孩般感知和行动几乎不可能。

第三类是回归人本主义的思考和创造能力。科技的进步最终都是为了服务于"人"本身，因此我们应提高对世界和社会的柔性理解，使科技更好地服务于人本身，创造更多的价值发挥空间。

除此之外，值得注意的是，云机器人和深度学习的快速发展可以弥补人机之间的差距。联网机器人可以通过云网络快速获得其他机器人所具备的知识，这种指数级别的速度会远远超过人类的学习速度。人工智能的飞速发展威胁到人类生存，同时催生了人机交互领域的发展和研究。例如，有着"硅谷钢铁侠"之称的埃隆·马斯克创立了Neuralink(神经连接)公司，期望可以将人脑与计算机连接起来，实现人类与人工智能的共生。

人类不能为了自动化而自动化，也不能为了智能化而智能化，因为人是系统的关键部分，而技术只是其中的一个环。我们可以把时间精力放在那些需要人类智力、创造力和共情能力的工作上，而把技术应用于提升重复性和机械化工作的效率，也许这才是我们与新技术共存共荣的正确方式。

第二个注意的点是要意识到我们需要淘汰"传统人生模型"，更新能力体系。

英国伦敦商学院教授琳达·格拉顿在与安德鲁·斯科特合著的《百岁人生》一书中表示，未来社会人类的寿命会延长，退休时间可能会延迟，人口老龄化和就业结构将会有极大变化。

传统的"上学—上班—退休"的三段式人生是过去很多人走的一条路。可是面向未来社会，你需要了解，任何人生方案都有可能随着时代的变化被淘汰。立足未来，其实我们更需要一种高效的生活。

在工作中，我们需要更高效的策略以最少的时间完成工作，从而腾出时间给再培训、再教育和自己；在再培训、再教育过程中，我们应避免因为把全部时间用来学习，而无暇顾及人际关系、健康等；在考试中，我们需要掌握必要的应试技巧和通关技巧，在保证取得好成绩的同时，避免成为一个考试机器；在生活中，我们要以更高效的方式管理和协调好方方面面，提升个人的抗风险能力。这样的人生方案，一定需要更高效的运转速度和质量，也需要我们构建更新的能力体系。

第三个注意的点是需要树立"终身学习"的理念，与时俱进。

传统职场人士会面临一系列挑战：工资收入不断贬值，收入跟不上物价上涨，技能熟练跟不上技术发展，观念升级跟不上系统升级。彼得·德鲁克在《卓有成效的管理者》中说过："现代社会，是一个由组织化的机构形成的社会。其中的每一个机构，都在把重心转向知识工作者——他们会取代仅有体力技能的人，成为组织里的主力。"

在知识经济时代，终身学习的习惯会为你带来更多自由。比如，"斜杠青年"们利用附加的技能创造了除主业以外的额外价值;比如,走在创业之路上的年轻人拥有投资头脑,逐步通过理财让自己更加从容。

那么,如何打造你的专属高效发展路径呢?我们的重点应该放在提前扩展和积累面向未来的资产,利用科技进步获得更多资源和以更高效的方式配置资源上。此外,我们还需要掌握如何利用新型工具加速自己成长速度的能力。当前科技的飞速发展会大大增强我们的行动能力,利用好这些工具和技术,会大大减轻我们的头脑负担,释放行动能力。

对于人类个体而言,我们需要利用技术打造一个"全球脑",拓宽知识面,增强认知能力。"全球脑"包括以下方面:"千里眼"的能力——以前要实地跑一趟的事情,现在利用地图工具、社交网络,就可以看到、听到、了解到;"过目不忘"的技法——你可能记忆力有限,但手机和网络会帮你记住一切;"神算子"的秘诀——遇到问题,你可以听到很多领域专家的声音。这些能让我们的判断力达到前所未有的清晰。

我们还可以利用技术把自己打造成无限增强版的"数字化超人",比如通过联网协作办公,搭建好联机学习、协作的网络。一群能力相当的"大脑"互联,会变成一个知识量、理解能力升级的集体。这种现象,有一个词可以解释,叫作"涌现"。

在"实体增强"方面,我们可以利用物联网的优势,连接智能音箱、手表,可以用3D(三维)打印机自由创造模型。物联网让一切有据可循,大大消减了不确定性。如果使用得当,那么最终我们可以驾驭这些新技术，让自己过上更长久、更快乐、更充实的人生。

与此同时，面对不确定的未来，我们还需要拥有三种意识：培养一双慧眼，学会发现未来社会所需的能力，比如无可替代的创造力、环境适应能力；学会及时淘汰旧的理念，刷新自己的能力体系；培养终身学习的理念，无论是利用下班时间充电，还是以深造、网课、研讨等方式投资自己的学习。这三种意识都有利于我们不断更新自己的能力体系，从而助力我们与时俱进。

总结

走在时代前面的人永远只是少部分。他们理解这个世界运转的规则,他们了解科技发展的力量,他们拥有更加成熟的心智模式,能够更加高效地配置资源,有着更快的迭代速度。这些人能够更加从容地面对未来。

思考题

请思考一下,你未来想过怎样的高效人生?

三种资产： 20~35岁的年轻人，怎样让个人积蓄最大化？

前面我围绕"高效人生"的定义，阐述了在未来，我们只有以更高的效率获取资源、配置资源和拓展资源，才能让自己跟上时代步伐，实现弯道超车。从本质上讲，无论在哪个时代，资源都是能力，都是机遇，都是优化生活的方式和优化人生的法则。

《百岁人生》一书提到，人类已经进入长寿时代，我们这代人活到100岁将是大概率事件。想想看，活得越长意味着你的退休年龄也会被延迟。目前国内符合条件的退休年龄是男性60周岁，女性50周岁（工人），但是未来呢？极有可能延迟到70周岁、80周岁。在这漫长的工作生涯中，如果你不提前准备，拓展资源，那么长久来看你势必会力不从心，导致生活质量的下降。

只有赢得资源，与时代赛跑，才能拥有站稳脚跟的能力和信心。那么，对于我们普通人来说，什么是资源呢，难道只有存款和房产才是值得我们积累的吗？刚参加工作的时候，我经常羡慕那种什么问题都可以解决、一通电话就能办成一件事的人。其实从本质上看，他们所利用的资源就是财力与人脉，而我们可以称之为资产。

对于高效的人生来说，我们想要在漫长的岁月中活得更有意义、更加幸福，就一定要有意识、分阶段地积累各种有形资产、无形资产和转型资产。

大部分人都能看到的有形资产

对于大部分人来说，最常见的资产就是有形资产。有形资产是最基本、最实在的资产。现金就是一种每个人赖以生存的资产，支撑我们去商场购物、去医院看病，包揽一切的生活花销；房屋为每个家庭提供基本生活保障，并具有资产保值、增值的功能；大大小小的企业则使社会经济机制得以运转。

一般来说，有形资产大致可以分为以下三种：第一种，固定资产。我们居住的房屋、占有的土地、使用的设备等，不具有很强的流通性，却是我们赖以生存的基本资产。第二种，流动资产。我们用来消费的现金以及购买的股票、期权和债券都属于流动资产。第三种，生产资料。人类的大脑是很重要的生产资料，也是非常宝贵的资产，它指导我们每天的思考和行为。时间投入的多少一定程度上决定着我们创造价值的大小。对我们来说，时间也是一种宝贵的生产资料。

固定资产是大多数人的底气。比如，财产和资金是否充足直接决定了你是否能够拥有一个相对殷实的家境。对于固定资产，作为普通人，我们应该保持强烈的"保障思维"——把这些固定资产作为生存的基本保障。

这里我的建议，是根据资金的不同用途将资产分为四种类型，满足不同需求的支出，而每种类型对应不同的资产大类：要花的钱、保命的钱、生钱的钱、保本升值的钱（见图1-1）。配置的本质是一种资金驱动需求的资产配置，根据对资金需求的时间以及重要性不同，将个人资产分成四个不同作用的账户。因此，资

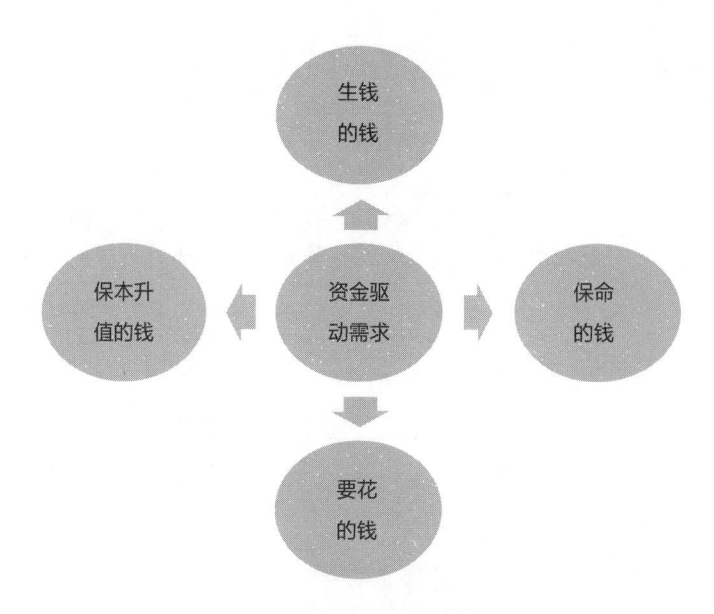

图1-1 有形资产的四种类型

金的投资渠道也会各不相同。

吃、穿、住、行要花的钱流动性相对较高，所以我们可以留有一定现金（3~6个月的生活费）或者随用随取的货币型基金类的现金等价物；医疗、车祸这种无法预测的突发事件可以通过买保险来对冲；根据保本重要性以及预期收益率的不同，剩下两种类型的资产可分为高风险高收益的权益类资产以及低风险低收益的类固收资产。比如，养老或者教育基金对保本的要求高，我们可以投资债券、信托等低风险的固收、类固收资产。只要拥有这四个账户，并且按照固定合理的比例进行分配，基本上我们就能保证个人资产长期、持续、稳健地增长。

被忽视的无形资产

很多当代人可能没有想过，友谊、知识和健康也是我们的重要资产，因为我们通常会把绝大部分的时间和精力放在获取有形资产上。无形资产具有持续性，可以在人生的几个关键时期产生效益流，因此我们要把友谊、知识、健康当作无形资产去经营。

你的人脉和知识不会在一天之内消失，但是如果你长期不与朋友联系，或者积累知识，那么它们最终会贬值，有一天甚至可能消失。

无形资产主要分为以下两大类。第一类是生产资产。这些资产可以帮助个人在工作中更有成效并获得成功，从而增加个人收入。生产资产主要分为以下两方面。

（1）丰富的知识储备。丰富的知识储备能帮助你更快、更准地找到工作所需的材料，迅速地定位领导话语中的关键点。学习是人生的重要组成部分，它的价值远远超过它给我们带来的收入。这些技能和知识必须具有高度的不可替代性，这也是技术发展导致威胁不断增大，在学习和教育选择上最具挑战性的地方。

（2）良好的声誉。声誉就是良好个人品牌的外在表现。因为它不仅能使你所拥有的技能和知识储备以真正有效的方式得到利用，还能对你的专业社会资本产生深远的影响。没有良好的信誉，你就不可能会集一批有价值的人脉资源。

长久以来连接无形价值的线索之一就是良好的声誉，这在你决定更换部门或工作时尤其重要。正如企业会凭借品牌信誉进军新市场一样，良好的声誉将成为你扩大市场影响力的资产之一。但这部分资产也是被很多经验不太丰富的年轻人忽视的方面。

如果你有过硬的技能与良好的信誉，那么很多好机会会主动找上你。公正、诚信、踏实、灵活和值得信赖，这些都是你可以在许多角色和工作中带来价值的保证。我在香港大学与我的博导相处了六年。有不少博士在与导师的相处中遇到各种问题，但我与导师的相处模式更像是母女。她在我就读期间给予我极大的信任和各方面的支持，即使我选择离开学术界，她仍然会时不时地邀请我参加一些高水平的学术会议，托我翻译学术书籍，针对我感兴趣的研究方向寻求与我合作，这些都离不开过去在我们点点滴滴的相处中积累下来的信任。我即使离开了以前工作的几家公司，作为上市公司的 CEO（首席执行官）、董事长的前老板们都还愿意抽出时间帮我录制视频，向更多人推荐我的课程。良好的声誉看似无形，但其实会在关键的时候助你一臂之力。

第二类是活力资产。广泛地说，这类资产关乎精神和身体的健康与幸福。活力资产包括个人健康和友谊。

关于健康，最重要的是保持大脑的健康和良好的运作。事实证明，我们的行为对大脑有重要影响。有研究表明，智力水平下降有 1/3 是基因遗传的结果，剩下的 2/3 取决于人们的生活方式，例如日常行为、社区参与度、稳固的关系、身体素质和饮食习惯等。健康的身体和充沛的精力是非常重要的活力资产，在一定程度上可以更好地帮助我们减轻压力，让身体保持高效的运作。

另外，友谊在活力资产中也占据着重要地位。与他人建立情感丰富的关系是工作和生活的背景，与他人建立了良好关系的人比孤立的人更生机勃勃，更精力充沛，也更积极向上。哈佛大学在 75 年里对 724 个人进行了一项幸福人生的研究。罗伯特·沃尔丁格教授和团队的研究成果发现：幸福的人生都有一个共同点，把精力投入到家人、朋友和周围人群。哈佛大学的这项研究跨越整整四代研究人员，研究结果显示，获得幸福人生的答案不是金钱、不是名誉、不是权利、不是社会地位。该研究传达的最清晰的信息是，良好的关系让我们更快乐、更健康！

99%的人没有意识到的转型资产

除了有形资产和无形资产,我们绝大多数人都没有意识到还有另一项极为重要的"转型资产"。转型就是进入新的圈层,在不同的社交圈和工作圈投入时间和精力,体验不同的生活。在未来,尤其关键的一点就是跨越年龄的沟通、协作和理解。转型资产主要包括"自我认知"和"多元网络"两个重要部分。

自我认知

自我认知是一种极为重要的转型资产,你对自己有多了解,就能走多远。你目前在工作中拥有哪些能力?你还欠缺什么能力?你向往什么样的工作?这些都是谋划生活、做出高效率选择的基础,关系到我们在危机中如何转型,如何以别的事业谋生,并且生活得更好。

如果只是"在其位,谋其政",没有做深度考量,没有充分的知识储备,那么在危机到来的时候,你就会错失许多改变命运的良机。

如果你身处二三线城市,是体制内的边缘人,或者处于国企中没有快速发展潜力的岗位,这时你就该好好运作"自我素养—社会需求"这个模型。

什么是"自我素养—社会需求"模型呢?简单来说,就是分析自己的现有能力，列举时代所需要的能力，发现自己欠缺的能力。

我在自己的几次转型期，做过很多基于这个模型的表格。现在你可以用思维导图来做，更加直观（见图1-2）。

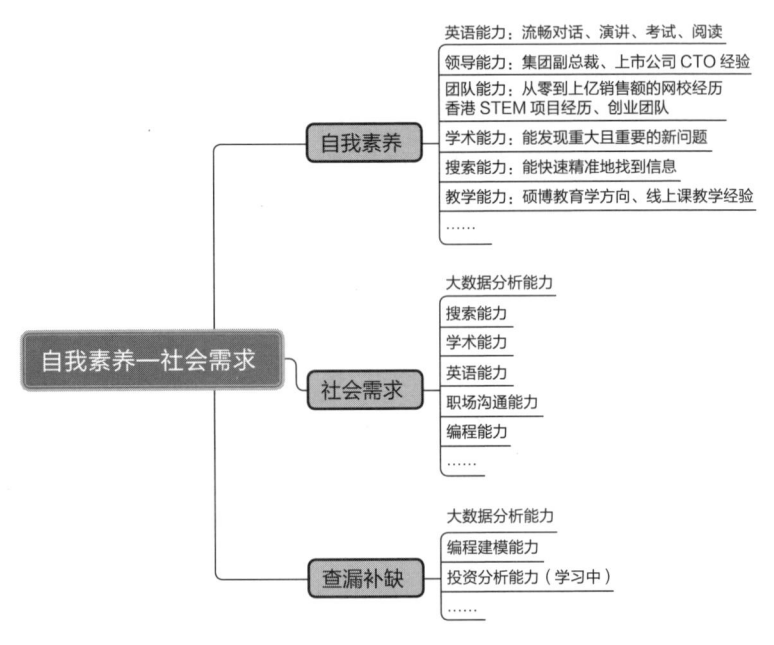

```
自我素养—社会需求
├── 自我素养
│   ├── 英语能力：流畅对话、演讲、考试、阅读
│   ├── 领导能力：集团副总裁、上市公司CTO经验
│   ├── 团队能力：从零到上亿销售额的网校经历、香港STEM项目经历、创业团队
│   ├── 学术能力：能发现重大且重要的新问题
│   ├── 搜索能力：能快速精准地找到信息
│   ├── 教学能力：硕博教育学方向、线上课教学经验
│   └── ……
├── 社会需求
│   ├── 大数据分析能力
│   ├── 搜索能力
│   ├── 学术能力
│   ├── 英语能力
│   ├── 职场沟通能力
│   ├── 编程能力
│   └── ……
└── 查漏补缺
    ├── 大数据分析能力
    ├── 编程建模能力
    ├── 投资分析能力（学习中）
    └── ……
```

图1-2 "自我素养—社会需求"模型的思维导图

找出自己需要补足的能力，形成清晰的自我认知，不仅能大大增强你的紧迫感，还能让你知道自己的不足之处，从而为下一步的能力训练做好铺垫。

多元网络

多元网络其实是积累人脉的一种形式,这里强调"高质量、多圈层"社交的积累能力。

如果你是一名教师,每天工作忙碌而充实,那么你有没有想过结识一些律师朋友?

如果你是一名程序员,遵循"996"工作制,辛苦但收入高,那么你有没有想过结识一些医生朋友?

如果你是一名刚步入社会的大学毕业生,在单位里做着基层的工作,除去房租和生活费后的工资所剩无几,那么你有没有想过结识一些金融行业的朋友?

多元网络是指你的交际圈要包含不同行业、不同领域的朋友。不能把眼光只投注在目前的圈子,因为同一个圈层的人,知识水平和知识结构都差不多,认知和眼界会有所局限。而当你和不同圈子的人聊天时,你会发现他们有一些很新、很酷的观点和想法。这其实就是多元网络,它能为你打开思路,提供更新的信息。在不同的观点中,你能解放大脑,灵活思考,并逐渐培养出一双发现良机和资源的慧眼。

我在香港大学深造期间,发现了对于同一个问题,来自不同地区的同学会有不同的认知。有时候,某些认知甚至让我大为震惊:"哦!原来还可以这么想问题!"这个发现给了我很大的启发,让我思考各地的教育体制为什么会如此不同,思考更多我从前没有想过的问题。几年下来,我发现自己不仅收获了学术能力,更收获了一颗灵活的脑袋和强有力的思维方式，也因此发现了很多以前看不到的良机。

因此，我能够迅速地转型，从而切换到更快、更高速的赛道。

转型，意味着年龄和人生阶段脱钩，即无论哪个人生阶段都要保持年轻的心态和可塑性，不断尝试新鲜事物。我希望你能够做到的是，在利用本书给自己充电之余，能够真正走进人群中，广结善友，多与不同的人交谈，看看他们对待问题的态度和方式，思考他们为什么能够有这种思维方式。这才是"充电"真正的价值所在。

你的思考越深刻，认知越开阔，你的人生规划能力就越强。做好人生规划，才能迅速聚拢资源，帮助你在未来立于不败之地。

总结

在长寿时代，我们将要面对多段式人生的快速变化节奏，准备随时拥抱新鲜事物。我们要学会自我否定、自我更新。每过一段时间，我们就要自我清理一遍，敢于放弃已拥有的东西，包括经验、学识、知识，甚至是三观。不敢或不想面对新事物，故步自封，是会被这个时代彻底抛弃的。自我更新、自我革命、拥抱新事物，是未来人生格局对我们的必然要求。在百岁人生里，学习将是伴随我们一生的任务。

思考题

如果你能活到100岁，请问你会如何去规划和看待自己？

第二章

高效的工作技能

信息获取： 职场打拼，建立优秀的搜索智囊团

在科技如此发达的今天，其实99%的问题早已有答案，你要做的就是搜到它，"搜商"的本质是搜索，但是搜商并不只是搜索信息的能力，还包括识别信息需求、甄别信息真假、整理和运用信息的能力。今天的我们已经感觉到信息爆炸的焦虑，未来的信息只会越来越多，搜索是帮助我们最快找到解决方案的途径。

我们常常会面临很多问题：第一次写调研报告，没经验怎么办？想学习一项新技能，不知从何入手怎么办？找人脉、拉投资，没有联系方式怎么办？给孩子选学校、选学区房，拿不定主意怎么办？在信息时代，"搜商"与智商、情商同等重要。

每个人精力有限，没办法做到全知全能，却仍然要解决不断涌现的新问题，怎么办？要我说，我们遇到的所有问题的99%已经有了答案。关键是，你是否能在第一时间把解决方法找出来。

互联网提供的海量信息就像是一个全球知识库，集合了各领域专业人士的经验和智慧。无论是优秀的报告范例、各领域大佬

的联系信息、各类调研数据,还是免费的学习课程、书籍,只要掌握信息搜索的技能,我们都能找到并为己所用,就像是将全网的高手纳入了自己的"智囊团"。

所以,无论是做调研、找人脉、做决策还是学习新技能,遇到一切问题,第一步都应该马上去搜索!搜索到的东西要怎么长期保存,转化为自己的知识呢?我们可以把记忆和储存外包给搜索引擎和电子设备,而大脑的思考和决策相当于把脑力这种核心资源进行了优化配置,从而实现大脑升级。

接下来,我通过搜索对接外部智囊,用电子设备构建外部知识体系,快速上手、即搜即用这三个部分,来谈谈如何实现一个人做事、多位高手助力以及"搜到即学到"。

怎么搜:高效对接外部智囊

在信息爆炸、知识爆炸的时代,我们每个人都有这样的体会:用搜索引擎搜索任何关键词,都会有上百万条信息,而其中对我们有价值的信息却寥寥无几。每个人的时间和精力非常有限,在这种情况下,如果我们想提高各方面的效率,就必须学会正确地查找信息。

我把通过搜索解决问题的"心法"总结为三步——"找什么?哪里找?怎么找?"方便以更快捷的方式找到所需信息。

第一步,找什么。核心技巧就是准确描述你的搜索目标,如果在描述目标的时候就错了,那么最后网络给你的结果一定会偏离。

第二步,哪里找。核心技巧在于准确地发现更多垂直搜索渠道以及更多同类型的网站。

第三步,怎么找。如果找到了好的垂直搜索渠道,结合高级搜索指令,那么绝大多数搜索问题都能被解决。

如果想更快速、更精准地直达目标信息,那么你需要记住下面这五条简单的搜索命令:

(1)口语化搜索转化为关键词搜索。搜索引擎的工作原理是匹配关键词,所以我们不要向搜索引擎提问。例如,搜索"怎么把视频格式从mp4转换成mkv?"会大大降低搜到准确答案的概率,改为搜索关键词"mp4转mkv",那么搜到准确答案的概率会提升70%~80%。

(2)如果你只希望获取某个特定网站中的信息,用"关键词+空格+site+英文冒号+搜索范围所限定的站点"即可。一定要注意,站点前可以不加"http"或者"www"。比如你想搜索知乎中关于"高效"的内容,你只需输入"高效 site:zhihu.com",搜索结果全是知乎网站中的内容。这个搜索指令在网站本身搜索功能缺失或者做得不太好的情况下,非常好用。

(3)如果你想在搜索时找到某种特定文件类型的文档,可以使用"关键词+空格+filetype+英文冒号+pdf(ppt、doc、jpg)"。比如直接搜"教育行业报告",我们总是找不到高质量的报告，点进去不是广告就是推广。此时，如果我们输入"教育行业报告 filetype:pdf"，那么搜索结果的质量会高很多。

（4）如果你想把搜索结果的范围限定在某个时间段内，可以使用"关键词＋空格＋xxxx（年份数字）＋两个英文的句号＋xxxx（年份数字）"。例如，你想了解自媒体运营，只用关键词"自媒体运营"搜索的话，出来的基本上是产品广告；如果在百度中搜索"自媒体运营 2018..2019"，那么搜到的基本上都是比较新的信息。

（5）假如你不想看到包含某关键词或者某网站的信息，使用减号"-"即可。比如，对于在搜索时经常会出现的推广广告，如果我们在搜索关键词中加上"- 推广 - 推广链接"，就能够在一定程度上去除推广的广告。如果百度搜索不管用，那么我们可以考虑必应等搜索引擎。再举个例子，你想学习怎么使用 Excel，在百度中直接搜"Excel 学习"时，会出现很多培训机构的广告，而搜索"Excel 学习 - 推广 - 推广链接"，你就会直接搜到很多干货教程了。【关注微信公众号"学霸星球"（xuebaxingqiu），回复"搜索指令"获得搜索指令汇总】

你如果掌握了以上技巧，再灵活地转变思路，找到切入点，就可以快速锁定有用的信息和资源。我们来看一个案例：作为职场新人的你受到了重用。上级让你写一份新产品的市场分析报告，但你从没写过，你要如何下手呢？你要关注哪些信息、调查哪些问题呢？你又该怎么找到权威、可靠的数据呢？如果你像无头苍蝇一样胡乱开始，那么势必很费时间，又容易遗漏重点。

新人写分析报告要结构完整，数据翔实。如果想思路清晰并且体现一定深度，那么这个时候借鉴本行业巨头或者咨询公司往年的报告思路是最为稳妥的。

第一步，确定你要"找什么"，先去搜搜各种市场分析报告吧！即使这些报告不是你们行业的也没有关系，重要的是建立一个基础的认识，观察别人的报告结构是什么样的，大概的篇幅是多少，要准备哪些素材。

那我们"哪里找"以及"怎么找"这些免费模板资源呢？

（1）利用一些网盘资源网站，直接搜索市场报告模板。

（2）如果找不到，可以用"关键词+空格+site:zhihu.com"，直接搜知乎中的各种报告链接以及专业人士的经验。通过这种方式，我们通常也能获得非常详尽的建议和解决方案。

第二步，有了参考模板，我们可以模仿它的结构搭好初步框架，然后去寻找素材。那么素材要去哪里找呢？我给大家推荐几个权威的信息来源：

（1）最权威、最可靠准确的信息来源，就是国家官方网站了。国务院发展研究中心的官方网站上提供了宏观经济、金融数据、各行各业的资源信息——站位高、范围广、数据真实可靠，如果我们使用这样的素材，那么报告质量一定非常高。

（2）此外，不要忘了以专门提供报告和方案为商业模式的公司——咨询公司。我们去知名的咨询公司官方网站搜索，能够找到很多公开信息。比如，IBM（国际商业机器公司）的官网会定期更新一些行业信息。

（3）如果你需要市场容量和销售额数据，那么我推荐一个找权威数据的首选：国家统计局官网。该网站提供的全方位政府官方统计数据可以直接引用。你可以搜索到包括产量、销量、进出口量等在内的行业信息，准确、高效。而且这个网站的数据具有不同的表现形式，生成的图表看起来专业度满满。

第三步，在参考了专业的报告模板框架，通过官方的、商业的、社区的渠道搜集到足够的素材后，你只需要根据自己的想法把信息进一步整合、优化即可。原本无从下手的任务，到这里就可以有条不紊地完成了。

通过这个案例，我们可以用"找什么？哪里找？怎么找？"的心法尝试解决遇到的所有个人不擅长的问题，把互联网资源充分调用起来。只要巧妙转换思路，我们就能举一反三。

怎么记：给我们的大脑加一个"移动硬盘"

我们的大脑容量有限，让大脑记住所有在网上搜集的有用信息显然是不科学的。如果电脑内存不足，可以用一个移动硬盘来拓展存储空间，那么我们是不是也能给自己的大脑加个"移动硬盘"呢？

我们可以借助外部的存储设备（如电脑、手机）来帮我们"记住"所有信息,让自己的脑力聚焦在核心的决策和思考上。这虽然是个非常好的办法,但我们对于有用信息采取的都是随手点击收藏、保存屏幕截图,以致用的时候会出现新问题:无论是收藏的网页、微信文章,还是屏幕截图,因为保存的时候太凌乱、太分散,用到的时候很难被即时调取,不如重新上网搜关键词,这显然降低了这些信息的使用价值。

解决这个问题的办法就是把信息集中起来保存,建立一个统一的入口。只要打开这个入口,我们就能随时在存储的所有信息中找到想用的,从而节省认知资源。这时我们需要借助一些工具记忆和管理知识,使用分类原则达到自己的大脑和外部所有工具的统一。核心的心法就是:一删,二转,三存。

第一步是删——删掉质量低的或者一些不相关的信息、资源、人脉,隔一段时间就把一些看起来不再惊艳或者不再需要的东西删掉。你的思想在进步,相应的数据、书籍、报表、统计也在时刻更新,如果你不及时更新,旧信息就会占据你的大脑,让你没有足够的脑力思考别的事情。也就是说,我们要锻炼自己的信息检索能力,同时精简检索到的信息,做好分类、整理。这样,每一次遇到问题,我们就可以迅速地从互联网和自己的设备中进行搜索。

第二步是转——一切信息的存储都要以便于使用为目的。比如,它是否帮助我们加深了对某个概念的理解?你是不是要把它引用在某篇文章里?它是不是能用于解决工作上的问题?

我们如果不加删减、全盘保存，反而会造成很多干扰，从而增加记忆、搜索的负担。把搜到的信息、资源、人脉转化为自己可以理解的语言——给文件起一个自己能联想起来的名字，或者加一句自己的感悟和注释，贴个标签；或者只是把删减后的优质内容整合到一起，又或是跟自己的工作生活关联起来，即想好要怎么用。这样，我们就能飞速地利用信息为我们做一切事情。

第三步是存——对于以后可能会反复看的或者重新引用的内容，我们都要进行分类保存，列明相关信息。自己留下的任何内容都应当是精挑细选且印象深刻的，但仍然需要定期删除、更新。

关于存，我建议大家要重视一点：要方便日后快速查找以及及时更新。对此，我们可以从下面几点入手。

第一点，及时给信息做好标签、备注，比如标记关键词、可应用场景等。

第二点，文件夹要排放有序，要能体现你的思考路径。你可以按照思考过程记录、整理信息，并且借助思维导图来帮助你梳理、记住信息归档思路。

第三点，要将信息电子化、集中存放，比如通过坚果云、OneNote等软件上传云端，同步关键信息，你就可以在多终端随时使用关键字搜索，直达你要用的信息。

怎么用：我们能否做到将看见的知识马上付诸运用？

每读了一本书，我们都要花很多时间记读书笔记。但是我们经常会抱怨：虽然自己明白了很多道理，但是这些道理好像对生活和工作没有什么作用。其实，并不是道理没有用，而是我们没有学会知识迁移。

我们不仅要存储知识，也要会取用，还要在外脑和内脑之间构建起高效的信息桥梁。我们需要进行系统性的整理、吸收，即创造信息网络。单一的知识是无法发挥效用的，只有将知识与知识关联起来，跳出学科框架的限制，我们才能实现真正的自由联想和应用。我们在认清自己之后，就要通过搜索方法去获取自学材料和学习对象，根据所收集的信息去制订具体的计划，利用科学的阅读、有效的记忆、高效攻克疑难点和薄弱点、输出倒逼输入、构建系统知识体系、长期保持终身学习力、高效利用实践、保持专注、科学地掌握各个学科和各个技能的不同方法形成组合拳，加以刻意练习，真正做到将看见的知识随时随地付诸运用。

构建新内容与旧内容的联系，并将之可视化

在吸收知识的过程中，我们可以把知识体系视觉化。例如，画一个知识树或思维导图，每次学习新内容时，我们就去思维导图上看看可以和哪部分进行联系，从而打破不同学科的界限，以及建立起更广泛的、跨领域的联系。久而久之，我们的积累会越来越多，知识间的联系会越来越密切，知识体系会逐渐庞大而完整。

用新知识，倒逼旧概念的拓展、延伸

如果遇到一个全新的知识点，不知道该放到原有体系的哪个部分，你就需要去思考，该知识点是否属于另一个维度或另一个逻辑。你可以暂时把它画在你的思维导图旁，不做任何联系，等以后遇到相关知识点时再去处理。

比如开始学习光学的时候，我们都把光看作一条线，它不会绕过障碍物，所以会形成影子。后来，学到衍射现象，我们知道光在经过小孔以后会"拐弯"，这是不是违背了直线传播原理呢？于是，我们可以把这条信息放在原先的光学体系旁边，等后来学到波动光学，再把这两个看似矛盾的概念联系到一起，从而形成更大的光学知识体系。

只要时刻想着每学到一个知识点应该怎样和原有系统联系，我们就可以不断完善知识体系。

终极秘诀：快速上手使用

我们搜索的目的是什么？就是要解决实际问题。让我们搜到的信息服务于现实生活，这就是以终为始。

很多人一直致力于建立形式上的完整性和清晰的逻辑，这也许有利于你讲解给别人听，但是这对于个人的实际应用却并非最佳的方式。

历史上与之相关的最有名的例子就是赵括——兵书读得很熟,谈论起带兵打仗来也头头是道,但到了战场上,只知照搬兵书,不懂灵活应变,最后输得很惨。这是非常典型的学生思维。对我们来说,这种学生思维十分有害。无论是求职、跳槽还是人际交往,都不是在检验理论掌握得如何,而是要看结果如何。目前应试教育最大的弊端,就是在"学"和"用"之间出现了断层,为此颇受诟病。

我们要尽快让自己摒弃学生思维,并从"应用"的角度审视自己的知识体系,做到"所有知识为我所用"。真正的努力应该是因目标或兴趣驱动的,学过的东西要快速上手拿来使用,而不是为了满足"我很努力、我很优秀"的幻想。

我将具体的执行方法称为"对话学习法",主要有两种方式:

第一种是通过输出推动学以致用。我们可以把专业知识画成简图或转化为通俗易懂的例子,与非专业人士分享,看对方能否理解。

第二种是了解相关领域的精英在哪儿,在做什么事情,以PPT(文稿演示)、思维导图、邮件的方式与资深人士探讨。在这个过程中,我们一定要保持批判和质疑的态度,独立思考。这样高质量的交流,能够让知识的获取高效而直接,并且能够克服二手知识、三手知识造成的理解障碍。

对于大家来说,扩大社交面、学会利用社交提升口才和沟通技巧是一种短平快的学习方式。比如，经常看某领域的论文，你就可以在论文的通信栏里找到他的邮箱；在知乎、论坛中，你可以直接评论、发帖和精英们交流；你也可以通过"在行"约见专业导师；平时，我们可以跟身边的朋友、有共同爱好的网友一起交流。总之，和不同背景的人直接进行交流和对话，能够收获珍贵的提升机会。

总结

我们一定要树立一个意识：在解决一切问题时，第一件事一定是去搜索！我们在分析问题时，思维一定要灵活，就问题相关的场景展开广泛联想，定义解决问题的切入角度，切不可在一棵树上吊死；使用"找什么？哪里找？怎么找？"心法以及常用的搜索指令，链接到优秀的智囊团，将他们的经验、智慧为己所用。

另一个重要的心法就是通过"删、转、存"，把对信息的记忆外包给电子存储设备，并将其打造成一个与内脑统一的高效外脑；以及通过构建跨领域知识体系，以终为始，学以致用，高效联结外脑和内脑，真正做到个人大脑的拓展、升级。

思考题

请尝试本节介绍的搜索渠道和搜索方法，按照"删、转、存"的心法把搜到的资料整理好。

工作流程：一个人如何像一个团队？

在信息化时代，只要会使用效率工具，把重点放在精简、优化工作流程上，你就能提高工作效率，为自己腾出更多的时间、创造更多的价值。学会将工作进行高效流程化这项技能，会让你像一个团队一样游刃有余，并拥有超强的团队领导力与核心价值。

把工作流程化的方法很简单，我把它总结为三步：以目标驱动，确定工作任务和工作顺序；团队协作、高效执行；后期迭代优化。

下面我就来给大家详细讲讲具体的操作。

为什么我们需要流程化？

什么是工作流程呢？简单来讲，就是你要完成一项工作，第一步要做什么、第二步要做什么……一直到最后一步，就像流水线一样。

想一想，现在有一篇文章摆在你面前，标题为"你怎么才能赚到 1 个亿？"。你对哪一部分最感兴趣？你也许会跳过前面的道理，但一定不想错过那些具体教你怎么做的"操作方法"——"流程"。

当好奇某些事情应该怎么做时，我们会更希望有人直接告诉我们每一步该怎么走。只要有了流程，我们似乎就不用费力地思考、做决策，也能很清楚地知道怎么才能一步一步把事情做好。这就是在执行任务前，把工作流程化的好处——提高执行力，既减少了思考和决策的负担，又降低了操作的难度。流程化的另一个好处是用整体性思维考量一项工作，可以优化资源配置、减少浪费。这里的资源包括时间资源、人力资源、材料资源等。

大企业为了维持高效运转，都会从整体考虑，给每个岗位的员工设计非常明确的流程。所有的资源都会流向需要它的部门，而不同部门只需要专注于某一块，就可以高效协作完成复杂的项目。比如，腾讯的产品经理大体会按照这样的流程工作：做竞品分析和用户调研（与用户调研组对接）—进入方案设计—与技术部对接—方案优化。

也就是说，产品经理会遵从一切从用户需求出发的理念，做产品的优化、迭代，同时考虑技术上的实现难度和成本，避免不必要的返工。先做了方案设计，却和用户痛点不匹配，或者优化了方案，技术上却实现不了，都会导致不必要的返工。

对我们普通人来说，学习大公司的管理思维，设计一套严格的工作流程，与同事高效协作，也能大大节约时间资源。

流程规划怎么做？

我们要怎样从整体考虑来设计高效的工作流程呢？做好流程规划，一共有四步：明确目标—拆分工作任务—梳理流程顺序—执行。

首先，要确定好目标，划定好工作范围。我初入职场的时候工作勤勉，却经常遭到批评。有一次做竞品分析报告，花了整整一天时间翻阅大量资料，又辛辛苦苦地把每一个细节都抠得很完善。最后，上司看到报告却说："你确实调查了很多内容，但我没看到我想要的信息点。"辛苦了一天的我觉得非常委屈。

我的问题就出在只专注于怎么完善这项任务的细节，却忽略了该任务在全局中的意义和任务本身要实现什么目的，自然得不到好的成果。后来，我的上司分享经验时对我说："开始工作之前，最重要的是先看清目的是什么，有什么工具和手段。工具和手段是可以改变、可以优化的，因为它们本质是要为达到目的而服务的。"

做竞品分析、用户调研，就只是手段而已，我们真正的目的是通过它们找到创意，去做产品优化。所以我们开始任何工作的第一步，就是要搞懂工作的真实目的，也就是这项工作到底要解决什么问题。我们可以采用的方法是和上司、客户充分沟通。

一开始，当上司分配任务给我时，我会回复一句"好的，我马上办""好的，我明白了""收到"，然后就去闭门造车了。这样的话，工作上就产生很多"误会"，不仅耗时耗力，还实现不了自己想要达成的目的。后来，我发现一定要按照自己的理解，复述一遍上司的需求，甚至拿出能想到的下一步的行动方向，去和上司的想法碰撞，确保自己真正理解了任务目标。遇到问题时，我们不能害怕丢面子，而要保持谦虚有礼，大胆地去请教对方。

其次，要拆分工作任务。把要实现的工作成果写下来，然后思考：为了达成目标，我必须完成哪些任务呢？之后再把任务一层层分解成小任务，直到不能再分为止。对于最后得到的最小任务，我会以日常任务的形式安排到每天的计划里（见图2-1）。

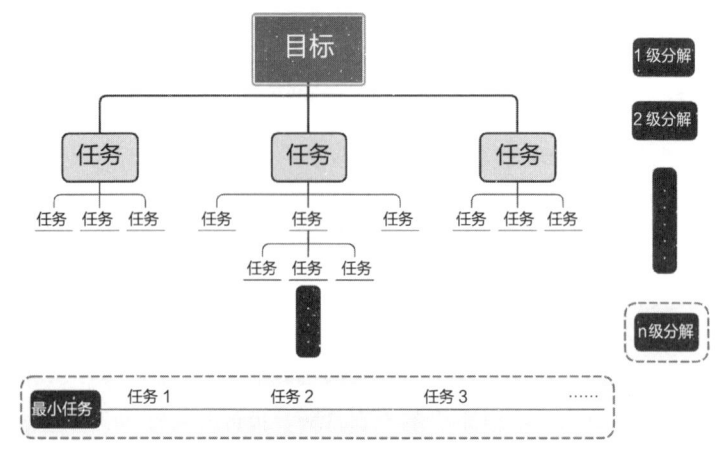

图2-1 工作目标与最小任务的关系

在拆解任务的时候，我一般会遵循以下原则中的一个或几个：

（1）按流程顺序分解原则：按照任务的先后顺序拆分任务。有些任务之间的顺序是不能颠倒的，比如在设计软件开发流程时，一定要先确定需求，之后才能依次进行设计、研发、测试、安装（见图 2-2）。也就是说，我们要按流程顺序分解原则进行第一级分解。

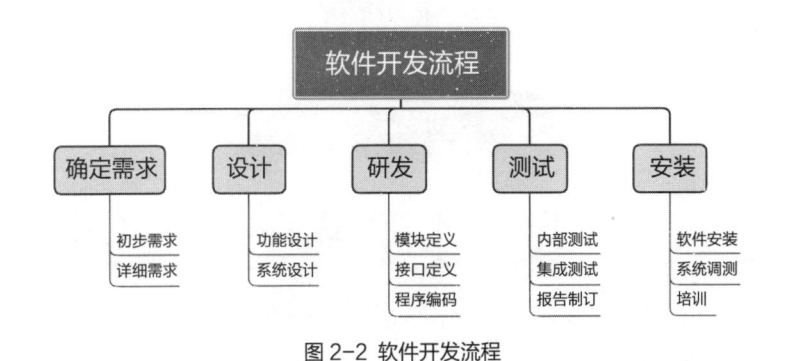

图 2-2 软件开发流程

（2）按模块分解原则：不同类型的任务也要进行分解。比如，"修路工程"涉及铺路、路边照明工程、路面下的管道铺设等。这些工作分属不同工程项目，所以我们在一级任务分解的时候，分别设置了"铺路工程""电路铺设""导水系统"几个模块，然后分别联系不同部门来施工。互联网公司会设置市场部、技术部、财务部等，每个部门有不同的工作职能，这也是按照模块分解原则来划分的。

（3）按 MECE 分解原则：相互独立，完全穷尽（麦肯锡公司提出的分析法）。也就是说，任务 A 和任务 B 之间，不能有重复的工作内容；并且所有任务完成之后，我们恰好能达到目标的所有要求。MECE 作为一种分类原则，不仅用于任务分解，还可以用于任何需要分类梳理的情况。如果老板问我："你对公司下一步的成长有什么计划？"那么我会利用这个原则先列举出来所有可能的方向——升级服务、升级产品、拓展客户、拓展分销渠道，然后分别对比这些方向的现状和未来（见图 2-3）。

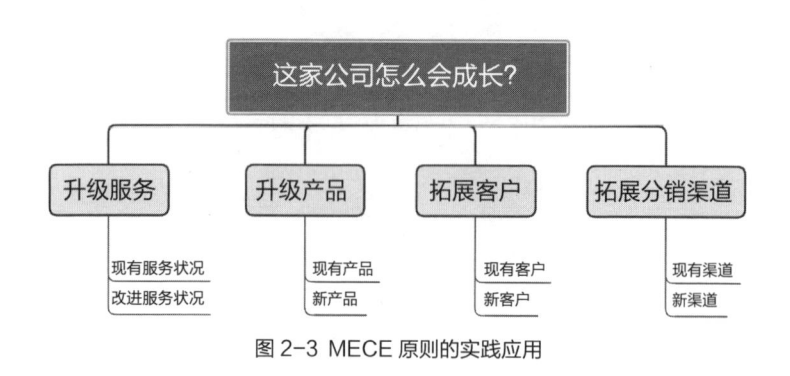

图 2-3 MECE 原则的实践应用

（4）按任务最小化分解原则：最后划入日常的任务要分到"最小"。那么如何判断什么样的任务小到不能再分了呢？第一，能比较准确地估算出要花多少时间才能完成这个任务。第二，每完成一个最小任务都能有一个阶段性结果，也就是工作结果能够"可视化"，比如一份报告、一份表格等。可视化的产出也方便评判每一项任务是否达标，以及发现结果中的问题。如果结果有问题，那么我会进一步分析是不是哪一步出了纰漏，进而做迭代优化。通过前面的拆分，我们得到了很多小任务。接下来，我们需要厘清任务的先后顺序。

再次，梳理流程顺序。我通常会在 Excel 最左侧设定一个起点，从左到右依次按照时间顺序添加任务，最右侧是任务目标。当整个流程从左走到右的时候，整个任务也差不多接近尾声了。比如，一个产品经理在进行产品优化创意的时候，要遵循这样的顺序：竞品分析—用户调研—方案设计—与技术部对接—方案优化。我们如果先做方案设计，那么，产品大概率不能满足用户需求。而如果我们最后与技术部对接，那么可能有这样的情况：点子虽好，但是技术成本太高。也就是说，如果任务顺序没有厘清，那么这将很容易浪费时间。

最后，按照计划执行。在执行计划的过程中，我们要不断根据阶段性成果调整、优化工作流程。要注意的是，在设计流程时，完整性比完美性更重要，即我们不必在初次设计时就力求完美，只要保证能完整执行即可，因为在执行的过程中，我们可以再做迭代和优化。

沟通：让团队为你工作

在完成任务的流程设计后，我会和同级、团队沟通好，与他们建立高效的协作模式，一起让整个流程运转起来。每个人都只专注一个方面，能够大大提高效率。组团工作是对资源的一种高效配置，一方面，可以降低自己的时间、精力成本；另一方面，专业的事交给专业的人来做，效益会更高。

但是在传达任务时，我们常常会面临一些问题。比如：组员不清楚每个步骤的目的，完成的工作达不到要求怎么办？组员之间做了重复的工作怎么办？这些问题会浪费大量的时间和精力，消耗团队协作的价值，从而增加"协作成本"。

那我们怎么避免这些问题呢？建立充分、到位、有逻辑的沟通。

第一，要"精简"。职场初期，我与领导沟通事情时总是半天说不到点子上。后来我发现，沟通时不能添加过多的过渡、解释，否则会降低对方的注意力，让对方抓不住我要表达的重点。因此，我们最好把自己要表达的内容精简成信息点并罗列出来。

第二，要结论先行，最重要的放在前面说。对此，我们可以使用what-why-how（是什么—为什么—怎么做）模型。比如，在传达工作流程时，我一般会先摆出要做什么，要达到什么样的成果，给对方一个"我们要做什么"的整体认知。然后解释一下为什么要这么做，能解决什么问题或者能带来什么价值。这一步其实是在确认工作要达到什么效果。最后给出"怎么做"，在该阶段，我一般会把工作流程图交给对方并与对方沟通，看有没有没传达到位的地方。

第三，要保持沟通。在每个阶段性任务完成的时候，我一般会跟团队一起敲定一下进展情况。一来可以对进度有个大致掌握，二来可以及时纠正不足，防止后续走偏。此外，在云端建立一个共享文件夹，让个人进展和工作成果、工作分配及时同步。这样，每个人都能看到其他人在做什么，防止因重复性工作浪费人力资源。

做到上面三点，整个工作流程就能在团队的协作下高效运转起来，得到1+1远大于2的效果。

迭代：维持流程的持续性运转

在完成工作目标之前，任何一个流程都需要不停地更新和升级，这样才能让工作随着时间的变化永远拥有生命力，不为时代所淘汰。我们在两个方面有巨大的进步空间：

（1）我们在执行工作的过程中会不断有新的发现。它们可能是一些之前没有考虑到的点，也可能是信息、资源的更新，比如我们发现了某种更好的工作方式，或者行业内出现了新的技术研究成果。我们要把这些东西及时更新到流程中。

（2）此外，在工作时，我们常常会发现很多细节问题，并能进一步体会到每个环节和步骤存在的原因和意义。我们如果能够从中找到可以精简的部分，就需要进行合理的取舍，进一步优化流程。

所以，在执行的过程中，我们需要不断根据工作成果的反馈，迭代流程，使流程更标准、更具有操作性。

那么我们要怎么迭代呢？首先，做好记录，这是你用来发现问题的"样本";其次,分析这些样本,找出其中不符合要求的点,分析为什么会出问题并采取措施;最后,在时间安排流程中体现这些改正措施。

其实,这是一个通用的迭代"流程"。对照工作流程的迭代,我们可以这么做:

(1)完成每个小任务时,都要交出一份可视化的成果,可以是一份报告、一张图表,等等。

(2)对照这些成果,去思考它们有没有解决问题。如果没有,那是哪里出了错,我们要采取什么措施避免问题再出现;如果没能按时完成任务,我们就要分析到底在哪些低效的地方浪费了时间,以及我们要怎么优化。

(3)把思考的结果记录到文档里,用以提醒大家,同时把改正的措施体现在工作流程里。

做好这些,我们就能不断优化工作流程,让它持续运转。

总结

我希望大家在职场中都能坚持刻意训练，从而让自己保持一个团队的战斗力，时刻为了未来有一天成为独立工作者或者拥有独立公司做准备。核心就是时刻以目标为导向，采用四步走的方法：明确目标—拆分工作任务—梳理流程顺序—执行。设计好工作流程，我们要与团队高效沟通，建立高效协作的流程和标准，让整个系统自动运转起来，并在执行的过程中，不断根据成果、反馈，对流程进行优化、迭代，让它持续运转下去。

思考题

你的公司一定有一整套工作流程，尝试对它做一下拆解，画出一幅完整的流程图。并思考：公司为什么要把流程设计成这样呢？

在线工具： 找到神器，助你轻松应对各种职场难题

《怦然心动的人生整理魔法》的作者近藤麻理惠说，当所有留在你房间的物品都是能让你心动的物品时，你便每天都生活在能让你心动和快乐的环境里，你每天的生活便是幸福快乐的。同样，当所有留在我们电脑里的工具都是能让我们心动的工具时，我们每天便也能生活在快乐的工作和生活环境中。

如果有一些既能让你每天都生活在开心的办公环境中，又不太占用你的电脑空间的工具，那么你好不好奇？想不想要？如果大家能够找到这种不太占电脑空间但功能强大的在线工具，那么它们会为我们的职场晋升之路助力良多。【关注微信公众号"学霸星球"（xuebaxingqiu），回复"工具大全"获得网站、资源、工具推荐】

在线办公应用

以前我经常遇到电脑不在身边，但又要修改文件的情况。经

过长时间的摸索，我找到了一些在线办公工具，方便我随时随地都能处理事情。这为我后面实现工作、读书、创业多线程同时操作提供了可能。这里我给大家推荐几款我觉得还不错的在线工具：

（1）腾讯文档。腾讯文档是一款可多人协作的在线文档，支持 Word、Excel 和 PPT 格式；可随时查看和编辑，云端实时保存；可多人实时编辑文档，权限安全可控。和石墨文档相比较而言，腾讯文档使用更方便，用微信号登录便可以直接使用。如果是团体作业，那么腾讯文档的会员版也可以满足我们的要求，而且其费用比石墨文档低。

（2）文件格式在线转换。Smallpdf 是一款非常轻松易用的 PDF 在线工具，也是所有 PDF 问题的免费解决方案。以前我经常遇到想把 PDF 文件转化为 Word 或者 Excel 格式，却不知道该如何转换的情况；或者是想在现有的 PDF 文件里插入一页，却不知道怎么操作；又或是想把两份不同的 PDF 文件合并成一份，却不知道什么工具有用。

尝试了多款工具后，我发现以上需求 Smallpdf 在线工具都可以实现。我可以用它压缩、编辑、转换、合并、拆分和签署 PDF 文件，还可以转换 Gmail 附件。如果只是在日常生活或者办公中偶尔使用 PDF 的转换格式，甚至不需要单独下载应用程序，也无须将其升级为付费版本。

除了 Smallpdf 这个在线工具之外，还有一个万能文件转换器——office-converter，它最让我心动的是汇集了非常多的用途，不仅可以在线上转换为多种不同形式的文档，而且不限于 PDF 文档。另外，它还可以在线进行视频转换、音乐转换、图形转换和电子书转换，等等；它还能完成我们平时很少用到的一些转换计算，例如热量单位、服装尺码、能量和流量转换计算等；它同样可以实现免费快速的在线文件转换，无须安装任何插件。

文件格式转换经常是我们不可以避免的工作，上述两款在线工具可能会助你一臂之力。

在线作图

除了文件类的在线处理工具，我还有一些比较厉害的在线作图工具推荐给你。

在线作图聚合工具——ProcessOn

一开始我使用安装在电脑上的 visio 画流程图之类的，但我发现存在一个问题，假如在公司电脑上开始了，但没做完，我便没办法回家继续做，只能在公司加班到完成为止，甚至有一次我在做一张非常重要的图时电脑崩溃了，图没有及时保存，只能在一旁干着急。直到有一天，我发现了 ProcessOn 这款在线工具，它可以免费在线作图，实时协作，支持流程图、思维导图、原型图、UML（统一建模语言）、网络拓扑图、组织结构图等，而且有很多模板可用。同时还可以在论坛社区里看到很多其他人的作图案例。

Xmind 思维导图

如果你不仅想有一个进行在线作图的工具，同时还希望有一个管理电脑文件的工具，那么 Xmind 思维导图便是一个好的选择。

如果说到我最常用的软件，Xmind 思维导图绝对占有重要的一席之地。只需一张 Xmind 思维导图，就可以管理我的知识架构和项目文件。我在思考的时候，一般都要先通过思维导图把思路理清楚，例如课程大纲、项目计划、素材梳理等；当我做项目的时候，我也可以把相关文件链接放入思维导图中，这样当我需要搜索某个文件时，只需要单击图中的主题，便会被带到文件所在的位置。

Xmind 思维导图除了常见的大纲式流程图，还会提供鱼骨图、

表 2-1 ProcessOn 和 Xmind 的区别和联系

类型	Xmind 思维导图	ProcessOn
流程图	支持	支持
BPMN（业务流程建模与标注）	不支持	支持
思维导图	支持	支持
原型图	支持	支持
UML	不支持	支持
组织结构图	支持	支持
网络拓扑图	不支持	支持
多人协作	不支持	支持
在线作图	支持	支持
免费模板	支持	支持
会员模板	支持	支持
文件链接	支持	不支持

矩阵图、时间轴、组织结构图等丰富的思维结构，更有六边形、胶囊形、圆形等不同主题形状强调不同的想法。在使用了思维导图软件后，我再也没有办法回到没有使用过这种软件的时候。

在线图片处理

除了一些在线作图工具，还有一些在线图片处理工具推荐给大家。一说到在线图片处理，很多人可能想到的是美图秀秀。接下来，我要介绍的是一些和美图秀秀相比，在不同的功能模块更为专业的在线工具。

在线抠图网站：remove

我在工作中有时会需要临时抠个图，但设计师不可能每次因为我的一个临时需求就加塞设计工作，我也没有必要专门去学设计方面的专业技能，于是就开始寻找可以自动抠图的软件，最终发现了 remove 这个在国内也可以使用的国外网站。在该网站，我可以上传图片自动抠图，无须注册就能上传，上传的图片会在 1 小时之后自动废弃。

这个网站的在线抠图功能比"稿定设计"这款软件的抠图功能还要更加强大一些。上传图片之后，它能快速识别出所需要的图片。如果这个功能无法满足你的需求，你想自己动手抠图，那么你可以采用"稿定设计"里的"稿定抠图"功能。

图片压缩神器

（1）TinyPng 在线图片压缩工具

早期我自己做课程的时候，经常需要上传一些封面图片，但很多时候会因为图片过大无法上传，也试过多种方式，但压缩后图片都容易糊掉。经过多番尝试，我发现 TinyPng 的压缩比例虽然很大，但压缩后的图片依然是高清的，这一点很难得。TinyPng 是一个国外网站，英文页面。不用注册，我也可以直接使用其图片压缩功能，且在不改变分辨率的情况下完成压缩。5MB 以内的图片都可以免费压缩使用。

（2）too.tanpok 在线图片压缩工具

此外，我还发现了 too.tanpok 这个同样完全免费并且简单实用的在线图片压缩网站。它支持任意压缩，不限大小；不仅支持上传任意大小的图片，也支持将图片压缩到任意大小，还可以自己设置。它不仅支持网站链接生成二维码，还支持单图压缩和多图压缩，而且还可以添加水印，比 TinyPng 更能满足我的个性化需求。

Bigjpg 图片放大神器

Bigjpg 使用的是其他类型的放大方法，我发现这款工具即使和 Photoshop、PhotoZoom 相比较，它的放大效果依然毫不逊色，色彩保留得甚至更好，图片边缘也不会有毛刺和重影。更重要的是，影响画质的噪点基本在放大的图片上看不出来。Bigjpg 支持

10MB 以内图片最大 3 000×3 000 像素的放大，可免费将尺寸放大到 4 倍。

制作视频

随着短视频越来越火，视频制作这一技能也成为越来越多人的需求，我自己也尝试在今日头条、抖音、微信视频号上制作自己的小视频，在这个过程中也发现了一些可以帮助我们快速剪辑一个有料、有趣视频的在线工具。

Recordscreen 在线录屏工具

我在做《信息整理 14 讲》这门课程的时候发现，通过"文字或语音＋图片"的形式去讲解一款软件的操作似乎不是最有效的，于是我决定在软件操作部分自己实际操作给学员看，这时就需要进行录屏。当我用苹果电脑时，系统自带的 QuickTime Player 就可以完美满足我的所有需求，但我的讲解也要覆盖 windows 系统的工具操作，这个时候就需要选一款录屏工具了。这款在线工具包含 Record Screen(屏幕录制) 和 Record Screen + Camera(录制屏幕 + 摄像头)。使用 Record Screen + Camera 时，可以在录屏的时候加入摄像头以及语音拍摄；如果使用 Record Screen 时，我们只是在录制电脑上的页面操作过程。

在线视频编辑：蜜蜂剪辑

这一平台上的所有功能免费，涵盖了常见的视频编辑功能，包括视频 GIF、视频截取、视频合并、视频裁剪、视频提取音频等，提供一站式解决方案，操作使用方便。当然，如果我们只是剪辑抖音视频，选剪映这款应用就是绝配了。

ScreenToGif 视频制作动图软件

我以前经常好奇别人的 GIF 视频都是从哪里下载来的，后来我发现了 ScreenToGif 这款"小而美"的屏幕录制生产 GIF 工具，想制作什么内容的 GIF 视频就都可以独立制作，但这款工具需要下载客户端才能使用。你如果需要单独制作 GIF 视频，就可以使用该软件的客户端。

SOOGIF 动图搜索

当然，有很多时候，我并不需要自己去制作所有动图，而且我也没有那么多时间自己制作动图，这时我会在 SOOGIF 网站里查找，这里有非常多最新的 GIF 动图，基本上可以从这个网站上搜索自己所需要的动图信息。此外，它还有 GIF 压缩功能。

爱给网：寻找音效资源

有时候我做 PPT 或者剪辑短视频时会需要一些特殊的音效，爱给网就是一个音效资源和短片资源比较齐全的网站。对于互联网行业的新媒体从业者而言，它也是一个非常好的学习平台和资源搜索平台。需要根据文章主题剪辑一个短视频时，就可以在爱给网上根据自己想要的场景、主题、状态寻找合适的音频资料。

如果需要根据活动主题制作一个短视频时，可以在爱给网上搜索已有的和你需要的主题相匹配的视频，学习和模仿别人的技巧。网站上的音频和视频都是可以免费下载使用和学习的。

如果某一个视频里的音乐你特别喜欢，还可以先把视频下载下来，利用 qtool 在线工具里的音频提取功能，提取自己所喜欢的音频 MP3 格式文件。录制好的视频，加上剪辑，再加上好的音效资源，视频作品便算是成功一大半了。

总结

在越来越多的工具满足不同需求的今天，我们会面临非常多的选择。这些选择就如购物网站上无数件类似的服装，一一陈列，供你挑选。无论是需要下载安装，还是可以在线使用，只有能为我所用、为当下所用的工具，才是令人喜欢的工具。工具开发的价值就在于被使用。以上在线工具都会随着时间发生变化，可能因为公司战略或资金链断裂不再运营。有些工具可能在我完成书稿的时候还能用，等书籍真正出版上市的那一天，却用不了了，互联网产品更新、迭代、淘汰就是这么快。如果发生了这种情况，那么我们便要运用前文介绍的搜索技巧去寻找其他替代品。随着时间推移，这些替代品也可能会发生变化，我们只需要继续探索更多、更好的其他工具即可。

思考题

去体验在线办公应用、在线作图、在线图片处理和在线视频制作，找到能让你心动的工具，让它陪你一起度过人生中的一段时光吧。

提高适商：时代日新月异，如何迅速适应未来职场？

你一定十分了解智商（IQ）、情商（EQ）这两项非常重要的商值。但是你可能不知道，在一些挑战更大的行业（如创投圈）中，在评价一个人时，拥有高的适商（AQ）是比智商和情商更为重要的指标。

根据世界经济论坛的预测，未来将有65%的入学儿童会从事目前尚不存在的工作。随着我们这一代逐步迈入人工智能与零工经济的时代，变化将无处不在。很多喜欢稳定的人除非遭遇中年失业、被迫改行等情况，大多都不愿意主动学习新技能，或者从事副业、寻找新机会。但环顾四周，即使是看上去非常稳定的医生、律师、技术人员等职业，也都面临人工智能时代到来的挑战：外科医生需要学习使用机器人协助自己工作，律师办理案件时要学习如何借助人工智能系统查阅书籍和网站来获取重要信息，更多单一技术的程序员也在通过积极学习新的技能往全栈工程师转型……当竞争越来越激烈，周遭的世界变化越来越快，我们所需要的最重要的技能就是能够适应变化。

当未来有一天职场对我们唯一的要求是"你是否能比其他人做得更好"时，当未来有一天自己创造职位与找到合适的职位同等重要时，当未来有一天我们不能继续依靠职业生涯、文凭、过往工作经验为自己编织安全网时，当未来有一天我们只能依靠学到的真正技能以及快速学习新技能的底层能力来应对未知的职业挑战时，教育就不再是通往成功的唯一道路，弱关系将会超过强关系所带来的机会，自由职业和自主创业也将成为常态，这时适商的重要性将超过智商和情商，成为我们最宝贵、最能帮助我们抵抗风险的商值。这种思维方式的转变如今对我们每个人都尤为重要，我们要懂得学习新技能、发现新兴趣的重要性。我们要拥抱变化、适应变化，而不是恐惧变化、拒绝变化。

适商可以被定义为"能够及时调整规划、策略，升级能力，增强灵活性，以应对各种市场变化的能力"。也就是说，适商是指一个人在面对变化的时候，能够在多大程度上灵活适应环境。在了解了未来职场的不同之处后，你就可以为即将到来的变化做好准备。先从改变思维方式入手，不再梦想朝九晚五的工作会给你带来一生的保障，而是从自己的兴趣入手，逐步将兴趣变为爱好、副业，甚至是自主创业，这会是你非常宝贵的人生体验和智慧。

我从20岁出头的时候就开始设计自己的人生罗盘：以5年为单位，将人生罗盘中最重要的三件事进行排序，然后把目标分解到每一年，并继续将计划分解到每个季度和每个月。我时不时会将设计好的人生罗盘拿出来总结和反思自己的达成情况，在策略和行动上做出相应调整。现在，我大部分的人生目标都提前3~5年实现了，所以我拥有了更多的时间自由和更大的财务自由，能够腾出手做更多的事。

你也可以尝试参考我的方法设计你的人生罗盘，精确到年、季度、月、周、日（见图2-4）。

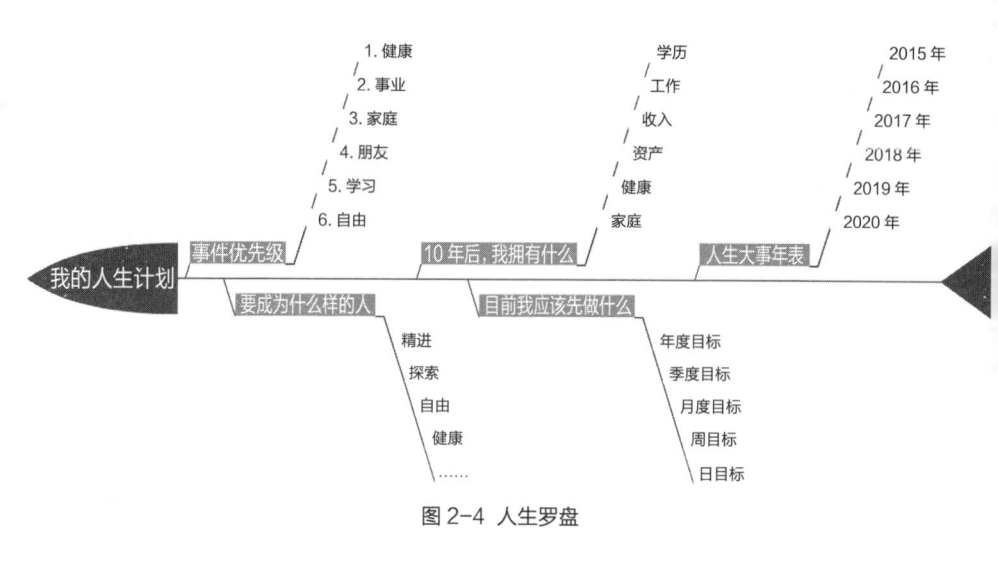

```
我的人生计划

事件优先级
  1. 健康
  2. 事业
  3. 家庭
  4. 朋友
  5. 学习
  6. 自由

要成为什么样的人
  精进
  探索
  自由
  健康
  ……

10年后，我拥有什么
  学历
  工作
  收入
  资产
  健康
  家庭

目前我应该先做什么
  年度目标
  季度目标
  月度目标
  周目标
  日目标

人生大事年表
  2015年
  2016年
  2017年
  2018年
  2019年
  2020年
```

图2-4 人生罗盘

我喜欢把目标和能力按照优先级排列出来，分为"要成为怎样的人"（理想中的成果或特质）、"x年后，我拥有什么"（计划实现的目标）、"目前，我应该做些什么"（实现目标的途径）、"人生大事年表"（每年进展的记录）。

所有对未来的预判、对机会的选择，其实都在为自己创造更多的选项，可以让自己保持张弛有度的学习、工作节奏，灵活处理一切；另外，适商高就意味着你比同龄人提升了更多的效能，赢得了更多良好的机遇、资源。

既然适商已成为时代需要的素养，那么作为普通人，我们该怎样将这种素养转化为我们的重要能力呢？

训练适商第一步：解放职场中的自己

我经常会收到学员的一些抱怨，他们觉得自己不适合上班，不喜欢职场上"碌碌无为"的生活方式。这些抱怨包括："上班就是在浪费时间与青春""每个月总有那么二十几天不想上班"。

其实，工作对个体而言，是安身立命、实现自我价值的手段之一。但如果你总觉得自己被工作束缚，不能在工作中甚至工作之余得到更多的成长或充电，那么你应该第一时间从职场中将自己"解放"出来。

怎么"解放"？当然不是逃离工作、请假甚至逃班，而是重新审视自己，提高自己的适商，学会发掘工作之外的转型资产，拓展自己的视野和价值。

首先，我们要定义和规划现阶段的自己。说得直接一点，我们要用长远的眼光审视自己，看看自己现阶段最想做的事，对自己的现状是否满意，是否希望自己的能力在 10 年甚至 20 年内保持长远的生命力。做好这些规划，我们就能真正不为职场所困。

具体怎么做呢？寻找并提升能力——寻找你喜爱的事业所需

要的能力，以及这个时代最新、最热门的产业所需要的能力。比方说，对于时下热门的大数据分析，你只有深入研究，才能看懂热门行业的发展趋势，找到适合自己的机会。当你恰逢职场转型期，这样的一技之长一定会成为你转岗、跳槽的加分项。

找到了对应的能力后，我们可以开始通过各种方式进行训练。我的一个学员，从普通三本院校毕业，毕业后在小平台开始做运营，几年之后便能策划很好的活动了。后来，他在慕课平台上学习数据分析的课程，横向拓展了自己的能力，并结合自己的优势，在毕业后的第五年成功地跳槽去了阿里巴巴。这也算是一次小小的逆袭了，如此具有可行性的操作，也值得借鉴。

其次，我们要拓展交际圈层，打开视野和提升信息量。我相信你一定有过这种感觉，在一个工作单位待久了，会不愿意接触外界、不愿意了解更多信息，只想着干固定的活儿，拿固定的工资。久而久之，温水煮青蛙，一旦面临职场转型，你就会因为缺乏信息量、知识面狭窄、人际关系脆弱而被社会打得措手不及。针对这种情况，最好的办法是"在其位，多谋政"——在自己的岗位上工作的同时，培养自己嗅到新信息、新机遇的能力，眼观六路，耳听八方。不要满足于待在固定的圈子，如果不走出舒适圈，没有危机感，你就无法培养出抵抗风险的能力。

以下是我的一些经历，你可以从中看到我是如何提早规划职场生涯、探索新圈层的。

在经历了艰苦但一路还算比较成功的工作生涯之后，我开始对职场感到厌倦：如果一直做下去，无非是再换一家更大的公司重复当下的工作模式。于是，我开始分阶段实施自己的转型计划。

计划一：在公司内实现弹性工作制，满足自己一边求学、一边工作的需要。一旦确立自己的未来规划后，你在目前的工作中一定要学会抓大放小，压缩重复的工作内容，提高工作效率，为充电和成长留出充足的时间与空间。

计划二：逐步实现兼职收入可覆盖部分甚至全部的全职收入。不要停止寻找兼职机会，一个项目的合作往往会让你飞速提升。

计划三：不断尝试，让自我认知更加清晰深刻，构建多元的人脉和技能网络，为转型打下内在和外在基础。如果你的朋友遍布各行各业，那么你在与他们聊天的时候便能了解各个行业的最新信息和资源。

计划四：创立自己的产品，打造自己的品牌，最大限度地获得生活的平衡和灵活性。渐渐地，我的有形资产、无形资产、转型资产都能保持稳定上升的趋势，不会出现此消彼长的情形。

训练适商第二步：章鱼触角模型

在训练适商的第二步，我首先要介绍一种"章鱼触角模型"。章鱼这种生物其实很有灵性：在水桶里，它会借助吸盘的力量把自己拉出来；在袋子里，它也能灵活地探出脑袋；即使在盖了盖子的玻璃瓶内，它也能用灵活的触手从瓶内将瓶盖打开。

为什么章鱼有如此聪明的大脑？其实不是章鱼的脑袋聪明，

而是因为这种生物的末端神经系统远比人类丰富得多——每一个触角都有独立的神经中枢控制系统。也就是说，章鱼的每一个触角都能"独立思考"，做出反应，所以章鱼非常灵活，而不像人一样只有一个大脑进行复杂思考。

我们可以向章鱼学习，通过训练自己，拥有多重身份和技能，优化每一种身份和技能，从而极大地提升我们的环境适应能力，即使遇到再大的风险，也总能提前筹划好 B 计划。

永远不要停止"寻找机遇"。小米总裁雷军有一句著名的话："站在风口上，猪都能飞起来。"但问题的关键，是如何能够提前站在风口上？答案是，不断寻找。同时，你需要拥有"寻找发展机遇"的能力，根据你现有的能力和时下的热门职业做出规划，利用业余时间搜索资源，拓宽视野，然后放手去干。

普通人如何实现呢？就是从你步入职场的那一刻起，就要抱着"持续学习，提升敏锐度"的心态开展各项工作，并且每天预留出"阅读热门资讯""丰富圈层社交""学习、兼职、成长"三个部分的时间（见图 2-5）。

我一直很坚定地走在生产和创造各种产品的路上。从步入职场的第一天起，我就一刻也没有停止自主研发各种课程，开拓各种平台、各种业务。我的目标并不是创办一家要上市或期待被巨头收购的公司，我的关注点一直都是我所从事创造的活动本身。因为在这个通过生产来学习的过程中，我能够学到更多更深层面的东西，这让我一路获得了很多跨界的机会。

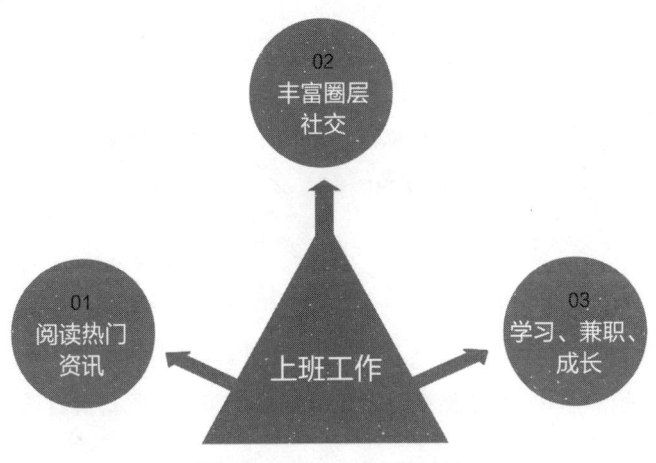

```
        02
     丰富圈层
       社交

01                    03
阅读热门              学习、兼职、
 资讯                    成长
        上班工作
```

图 2-5 预留三个部分的时间

学会创造充电和转型的机会。我带过的一个学生，家境非常普通。毕业后，他凭借自己的努力考取了老家的公务员，但他并不固守传统观念认为的"考上铁饭碗，就能轻松过日子"。在职期间，头脑灵光的他会寻找各种机会和时间充电和学习，以及参与不同圈子的核心创造活动。现在，他已经做到"斜杠收入"超越"工资收入"了，甚至渐渐有了自己的个人品牌。

所以，我们应该一方面让自己保持新鲜感，另一方面巩固自己的竞争力，让人脉和技能可迁移，让生活张弛有度。不要总想着利用休假时间转型和规划，而要学会将充电和创造活动融入生活中，成为生活的一部分。

如何避免消费主义陷阱，拓展丰富生活呢？

留出"职场探索时期"。如果你觉得目前在工作中就像一枚螺丝钉，忙忙碌碌又没有成长的空间，那么我建议你休整一段时间，为自己留出一段职场探索期。不要认为这是在浪费时间，如果你做好了清晰的思考和规划，那么你在以后的事业中将会收获事半功倍的效果。一般的探索时期应该在3~6个月，时间不宜过长，相当于一般公司要求的实习时间。

在港大硕士毕业后、博士学业开始前，我刻意创造了一个间隔年，把之前只存在于自己幻想中的事情尝试和探索了一遍，随后在读博期间，我依然维持着这种探险状态，以此塑造自己未来人生的故事。

工作之后我才发现，我身边的人几乎都是这样的——在没有确定发展方向之前，为自己留出充足的探索和思考的空间与时间；去做各种兼职，进行多段实习。这样做的好处就是可以了解不同行业的生态和法则，大大降低自己的试错成本，为以后的规划打下坚实的基础；可以在不断探索和折腾中明白自己最适合什么、这个时代需要什么，从而少走弯路。

后来我在互联网智库平台"在行"上开通了这方面的咨询服务。大多数咨询者已经在自己的领域中小有成就，但是面对未来，仍然不清楚要怎样应对。我一方面教他们一些方法以缩短现有的工作时间，提高单位时间的效率，另一方面会指导他们腾出时间探索更多的职业可能性。

拓宽社交网络。很多人面临职场转型，处于不知道该往哪儿走的迷茫和焦虑中。但也有一小部分人并没有特别迷茫，反而获得了更多资源和自信。在和这群人聊天的时候,我发现他们有一个共同特点:喜欢投入时间、精力来拓展自己的社交网络,让它更加多元化。我曾同时活跃于职场圈、学术圈,内容付费的自由职业圈、创业圈。我认识的人来自各个行业,各个国家和地区。后来,我陆续遇到一些自己认为理想的人生样本,看到自己未来可能的各种样子。而这时我才发现,这样的人通常适应能力非常强,能够了解到最新信息,无论遇到什么危机,都可以化险为夷。我在职业发展最顺利的2013年选择去香港大学读研究生,在过了知识付费红利期的2018年和2019年开了多门课程,在早就过了微信公众号红利期的2018年开通了账号"学霸星球",在微博、抖音、今日头条红利期早就过了的2019年开通了账号"朱丹老师",尽管开始得很晚,但这种多元化的尝试让我获得了不同领域的资源。这种多平台渠道让我的社交网络变得极广、机会极多。我如果一直闷头在职场中,不走出来看看外面的世界,那么是不可能有如此多元、丰富的圈子的。

所以,不论在生活的哪个阶段,我们都需要积极拓展自己的社交网络,让自己的圈子更加多元、丰富。

保持朴素的生活方式。 无论是月入几千元还是月入百万元,我都始终保持着简单而朴素的生活;不管是成为上市公司高管,还是知识网红(网络红人),抑或是名校博士生,我都保持着简单的内心和生活方式,不让外界打乱自己的节奏,时刻保持随时转型和冒险的灵活心态。

基本生活所需要的物资真的很少，我们如果能做到精简，那么生活将实现效率的飞跃。保持朴素的最大好处，就是我们可以不被消费主义的价值观蒙蔽双眼。我们要透过财富看清自己真正的需求，从而做到更加从容、平和，修炼出无论身处什么样的环境都能有一个良好心态的能力。【关注微信公众号"学霸星球"（xuebaxingqiu），回复"人生罗盘"获得相应拆解目标的工具】

总结

无论你处在职场初期、上升期，还是转型期，"打造适商"这项能力都可以助你与时俱进，持续增强能力。我希望你掌握训练适商的两大法则：一是解放职场中的自己，对自己的定位要清晰，同时保有危机感和敏锐度；二是像章鱼一样，打磨适应各种环境的能力——上班也好，离职也罢，都要不停寻找机遇，丰富自己的社交圈子，不断训练自己，提升自己的眼界，同时保持一个相对平和的心态。这样，适商一定会为你带来不一样的精彩人生。

思考题

请你思考并尝试设计属于你自己的人生罗盘，把你的目标和能力按照优先级排列出来，例如：你想成为怎样的人？5年后，你想拥有什么？当下你应该做什么？你的人生大事年表长什么样？

第三章

高效的
思维习惯

高效专注：集中注意力，每天只用工作四小时

2009年，我读到一本书《每周工作4小时》，被书中的理念深深吸引，但经过长期的实践，我发现其实每天工作4小时是比较实际的情况。在漫长的6年时间里，我保持同时做好几份"全职工作"：在港大全日制读书，有一份公司高管的工作，同时发展个人品牌和业务……每一项工作都需要付出极大心力才能做到，想每周只工作4个小时是不可能的，但是把工作重新打散，抓大放小，把注意力配置到最紧要的核心输出结果上，就可以避免无用功，回顾和反思的时候也可以看到实实在在的成果和进步。

我们现在就来详细谈谈把工作效率最大化、留出更多富余时间的方法。

注意力专区：提高行动效率的最佳方案

你有没有遇到过这样的情况：

在公司里几乎一刻不停地忙，甚至连吃盒饭时都要盯着电脑；

马上就到下班时间，可手上的工作还没做完，不得不加班加点；

有好几个任务等着做，却不知道从哪里下手，想兼顾又都做不好；

下班后，明明有健身、学习等多项安排，但是往往精疲力竭，没法完成；

被工作压得快要垮掉，连喘息的时间也没有，有那么一瞬间，甚至希望生个小病，以此请个假；

经常感到焦虑，工作虽忙却丝毫没有成就感……

其实，很多人在工作期间的注意力是十分涣散的，难以集中到任务上去，所以工作做了很长时间却没有做出什么成绩。

注意力就像肌肉一样，越锻炼越强。所以在日常工作中，我们一定要留意自己的注意力状况，一旦偏离就要使用相应的方法把它拉回来。久而久之，你就会发现自己保持专注和高效的时间越来越长，也会变得越来越容易进入注意力专区。

美国劳工统计局做过的一项调查显示，在8个小时的工作时间里，大多数人并不是都在工作，他们会花很多时间做工作以外的事——阅读新闻网站、查看社交媒体、与同事讨论与工作无关的事情、寻找新工作、打电话给合作伙伴或朋友、喝咖啡、吃零食、回复短信……即使处于工作状态中，他们也经常会被零碎的任务打断，比如给同事发一封邮件，给客户打一个电话，打印一份报表……

这些小事都有一个特点：虽然琐碎，但只要你一想到马上就能去做，所以经常会穿插在其他任务中间。而像完成一份市场调研报告这样的重要工作，因为难度比较大，所以非常容易被简单的小事打断。但也恰恰是这些门槛高的工作才能带来效益，才是真正需要做好的工作。

这些门槛高的工作往往需要一整块连续的时间和高度集中的注意力才能快速搞定，而那些琐碎的休闲活动和临时任务，会把我们的注意力分割成无数的碎片。不能有效集中注意力，也就拉低了工作的效率和品质，所以我们要尽量避免被干扰任务分散注意力。对此，我们可以通过优化注意力的分配，集中处理碎片化的事情，留出较长的整块时间，集中精力处理最难、最重要的任务。比如，把时间化零为整，将碎片化的任务集中处理；把工作内容化零为整，将重复性工作流程化、模板化。

把时间化零为整

想把时间化零为整，就要摒弃这种观念——随手能做完的小事要马上处理。

平时，我会准备一些便签放在手边或者随身带着小本子，有临时任务就随手记下。这些小事只需要两秒钟就能解决，而且不会打断思路。因此，我们不用担心会将这些小事遗忘掉，可以等忙完一个阶段的任务再集中处理。

对于各类邮件、信息等，我每天会划出固定的时间统一回复。我会事先和可能联系自己的人打声招呼，告诉大家我会在什么时间回复。如果对方有非常紧急的事情且是必须立即处理的，那么他可以直接打电话找我。

我们每天要处理的绝大部分信息都不至于一刻也等不了，所以这个办法基本上过滤掉 90% 的杂务了。

把工作内容化零为整

那怎么把工作内容化零为整呢？就是把重复的部分简化成模板，每次只集中注意力在变化的部分上。

对于写销售报告、客户电话沟通、收发电邮等重复性很高的任务，我一般采用一些固定模板和流程，简化操作，从而节省大量的时间和精力。

比如，第一次做一份报告，我会思考哪些要素是一定要讨论的，一个完整的结构是怎样的。把这些都整理出来，就是一个模板。以后针对不同情况更新数据——我只要搜集一下关键数据，再修改一下关键信息，就可以直接拿去汇报了。

回复工作邮件时，回复不同的人（如同事、老板、客户）需要不同的话术，我们可以分别设计一下通用模板，把需要随情况而更改的内容标注出来，回复的时候只要改一下这部分即可。

如果经常接待客户，我会建议下属总结与客户常沟通的信息，以及客户经常咨询什么问题。把这些常用的资料集中整理后放在手边，节省翻找的时间。针对不同的谈话场景，我会提前设计不同的话术模板，这样就不用每次都重新思考措辞，从而大大减轻工作量。

不宜工作的碎片时间怎么利用？

在这个时代，我们经常被打断，时刻被打扰，手机已经成了工作和生活不可缺少的部分，我们的心流时间越来越短。经常工作五分钟，拍照半小时；刚看五分钟的书，却玩一天手机。感觉一看信息，就陷入了回复微信的黑洞里，感觉自己的时间不够用，没有时间学习。

在时间管理上，秋叶在《时间管理7堂课》中介绍了"加减乘除"四步走的方法，我觉得很好用。我们可以有意识地规划好时间，就会让自己有越来越多的时间做自己想做的事情。

加：增加碎片时间的价值。

很多时候，我们之所以浪费碎片时间，不是我们不知道时间的价值，而是因为我们不知道碎片时间有哪些价值。那么我们怎样赋予碎片时间更多的价值呢？这时我们可以想一想，如果拥有1分钟，可以做什么？1分钟可以想一个文章标题；1分钟可以发会儿呆；1分钟可以休息一下……以1分钟类推，还可以为3分钟、5分钟、10分钟找到不同的用途，并将不同分钟数的用途结构化，放入自己的脑子里。

减：将事务分类，合并同类项。

当我们专注学习和工作时，突然被人打扰或者被杂念打断，会大大干扰我们的专注力。这时我们可以将事务分类，类型相同的事情合并放在同一个时间段做，例如：把需要电话处理的事情、需要外出处理的事情、需要找老板沟通处理的事情分别集中到一起，然后分别在不同的时间段来做，这样就可以有效提升效率，降低成本，避免时间碎片化。

乘：用场景化思维实现多任务叠加。

当两种任务类型差别很大的时候，我们很难做到快速切换，更别说提高时间效率了。比如，等公交车的 3 分钟掏出一本书看，肯定是没有什么效率的。但我们换种方式，在吃饭的碎片化时间里，可以跟同事聊天互通信息；开会前的碎片化时间，提前熟悉会议材料，想一想待会儿自己要发言的内容……我们可以用场景化思维来实现多任务的叠加，让你的碎片时间价值最大化。

除：主动把重要任务碎片化。

如果这周五前需要完成一个项目方案，你会怎么做？很多人会想要找到一个大块的或整块的时间去做，但是可能很难找到。这个时候如果把完成一个项目方案分解为"构思＋列提纲＋高效率写方案＋修改＋二次修改＋定稿"。这样一来，一个大任务就可以被分解为不同的小任务，匹配到我们长短不一的时间段中。

我在香港大学读书的时候，每天都需要交比较多的作业，读书的时间就半天,还包括通勤时间;可我还要工作啊,哪里来的时间呢?

我主动将自己的大项目碎片化,所有的事情都分为两个部分:思考和执行。

比如写一份比较难的项目报告,很多人会准备几天甚至一周的时间。想不出来的时候就开始刷微信、逛淘宝,转眼间一周过去了,还是没有什么产出。

那我是怎样完成公司的项目报告的呢?

我会先在早上花 5~10 分钟去思考,然后中午吃饭的时候花 5 分钟和同事们聊聊对这个主题有什么想法,下午上班的时候花 5 分钟把自己的思路在纸上整理下来,这就是利用碎片化时间思考。最后再打开 Word 把方案的初稿写下来。计算一下,其实我只用了 3 个 5 分钟把它想清楚,然后花 30 分钟写出来就搞定了。这就是我高效工作的方式,为我赢得了更多的时间来学习和成长。

对于每个人来说,除了日常的工作时间,我们都不可避免地有许多碎片化的时间。比如:我们平时坐地铁、坐公交、打车、开车上班,短的可能有几十分钟,长的甚至有一两个小时。这些零碎的时间并不适合用来处理困难的工作,我们可以利用这段时间做些不太费脑的事情。把这些碎片化时间利用好,每天又可以多出 2~3 个小时。

杠杆模型：2小时做完10小时的工作

我们的时间和精力跟其他资源一样有限，所以不要把时间浪费在"事事完美"中。一个优秀的企业管理者，需要统筹并妥善分配好有限的资源，尽可能避免浪费。而一个优秀的时间管理者，一定会计较精力的"投入产出比"。

丰田汽车就十分看重生产线上的资源配置，并且总结出了七大资源浪费：过量生产浪费、过度库存浪费、搬运浪费、残次品浪费、过度加工浪费、多余动作浪费、等待浪费。总的来说，如果投入的资源没有获得预期的价值，就是浪费。

为了保证花费的精力能产生最大价值，我们需要怎么做呢？

要事第一。根据80/20原理，80%的效益都是由20%的工作创造的。也就是说，在最关键的20%之外投入的精力都属于过度消耗。工作不是做得越多、越完美就越好，而是要精准地使用20%的精力投入，撬动80%的价值产出。所以我们要秉持一个原则：要事第一，把时间投入在最重要的工作上，不必把每件事都做到极致。

那么怎么判断哪些工作更有价值呢？我有一套自己的原则：

■ 以管理者的思想决定自己的时间分配。即把老板当成客户，以满足客户的需求和利益为最大价值。能解决这些问题的工作就是核心工作。

■ 了解任务的性质，如果这个任务是经常性的，那么先建立起一套模板或者能运转起来的流程，才是当下最有效益的事情；当需要做报告、回复邮件时，马上去执行通常不是当下最重要的事，而总结好能反复使用的模板应该排在任务优先级的前面。

■ 与团队进行手脑协作。和组员们充分沟通、协调，各司其职，形成一个高效运转的整体。其他人做过的，就不要重复做了。

■ 勇于忘记过去。从前遗留的不再有成效的事情，要果断抛弃；如果利益远大于成本及风险，就立刻行动。比如，之前花了很长时间做到一半的策划案，因为某些情况与公司走向不符了，就要果断放弃，不要心疼之前付出的努力。

在我们面对大量烦琐的工作时，判断力会被干扰。在即时反应下，我们很容易选择优先完成那些虽然紧急但是不甚重要的任务。所以，为了避免这种情况，我一定会留出复盘一天工作的时间，反思我这一天有没有违反"要事第一"的地方，并总结出来以示警惕，顺便优化一下工作流程。复盘的依据，就是自己建立的一套时间监控体系。

■ 记录时间。记录和了解每天都做了什么事，花在各项工作和休息的时间各有多少，从而判断时间是否被浪费。

■ 分析、管理时间。找出非生产性的浪费时间的活动，从以后的日程中剔除。一些使时间碎片化的动作，也会引起我的注意，接下来就是进一步系统性地优化这些碎片化动作。

■ 统一安排时间。把时间和工作内容化零为整。

具体的操作是这样的：我在培养自己的时间感时，会记录自己一共使用了多少个番茄钟时间，并在旁边简单描述一下工作任务。休息的时候呢？我也会通过 App 准确记录休息的时间段，以此监控自己每天的时间去向。

我会在处理某一件事的当下就做记录，而不是事后回忆，以免出现遗漏和模糊的时间点。这样，在每天晚上回顾的时候，对照着记录本，我就能准确了解到自己都把时间花在了哪里，有没有产生碎片化的时间，哪些任务花的时间过多需要优化处理。渐渐地，我会对自己的时间有了精准的把控。

我还会找出非生产性浪费时间的活动并将之剔除。有一次某个会议花了很长时间，但是没有讨论出实质性的结论。通过分析原因我发现，组员们都没有提前了解会议内容，所以发言都讨论不到点子上，于是我决定剔除这种没有进展的会议。之后，在安排团队会议前，我会用文件把会议内容简要地传达一下。对于大家的想法，我会集中将它们放在一个公共文档里，然后抽出时间集中审阅。如果还有重要问题要解决，那么我再安排时间有针对性地加以讨论。

最后，我给大家详细讲解一下保持专注的具体做法。这套方法也可以看作执行计划的一套流程，确保你在做事的时候更容易进入心流状态。不管你是在校学生，还是在职人士，都可以按照这套流程完成每天的学习任务，我相信如果坚持下去，你的专注力一定会有提升。

第一步：执行前列待办清单

米哈里教授提出进入心流的条件之一是"明确自己的目标"。只有知道接下来要做什么，才能停止迷茫和焦虑，更快进入专注的状态。所以在执行学习计划之前，我们一定要列"待办清单"。这个工作大家可以放在前一天晚上睡觉前做，也可以当天清晨去做。具体操作如下：

（1）使用每日计划本

对于不能自由支配手机的在校初、高中生，特别适合用每日计划本。具体的填写方式：在左边一栏写上自己的课程安排，右边写上每日计划和突发事件，右下角写上每日总结。

（2）使用"时光序"App

对于可以自由支配手机的职场人士和在校大学生，这款App是一个不错的选择。App里功能齐全，也可以设置事项的一些相关属性，方便我们记录、查看。

"记录"里有一个"全部事项清单"功能，点击"记录"，然后右滑就可以看到。我们可以通过这个界面去查看今天以及之前任务的完成情况，看看是否有遗漏。

检查完今天的任务完成情况后，可以在"记录"里写日总结：今天哪些任务没有完成，原因是什么，学习的心得体会等。除了"日总结"，还可以写"备忘""周总结""月总结"。备忘里我会记下学习过程中想到或者看到的好书的名字，还有一些今天要做的零碎的事情，比如取快递等。

第二步：番茄工作法执行计划

清单列好了，接下来就是让自己在执行的时候保持专注。这里我推荐大家使用番茄工作法。番茄工作法，简单来说，就是选择一个待完成的任务，将时间设为 25 分钟，专注工作，中途不允许做任何与该任务无关的事，直到铃声响起，然后短暂休息一下（5 分钟就行），每 4 个番茄时段后可以多休息一会儿。

不能自由支配手机的在校生和抵抗不了手机诱惑的同学，可以到网上购买一个机械的或电子的计时器。每次我们在学习前设定 25 分钟的提醒，时间到了休息 5 分钟，循环下去，直到完成一个学习任务。

对于大学生和职场人士，可以使用手机里的番茄钟类 App，例如"Forest""潮汐""番茄土豆""专心""番茄 ToDo"等。这里我推荐两个 App：时光序和 Forest。

"时光序"前面已提过，第二个推荐的 App 就是 Forest，它可以帮助我们暂时远离手机，专心工作。当我们想要有一段专心工作的时间，我们可以在 Forest 中种下一颗种子。在接下来的时间内，这颗种子会慢慢地成长为一棵大树。如果我们在这段时间内离开这个 App 去看微博、玩游戏，这棵充满生机的小树将枯萎而死，并且出现在自己的森林中。这款 App 将专注与种树结合起来，调动了我们的责任心和胜负欲，可以帮助我们更好地提升专注力。

第三步：集中处理突发事件

番茄工作法将我们的时间和学习任务化整为零，帮助我们快速进入专注状态，但在过程中难免会碰到很多突发事件，例如电话、邮件等。如果我们总是停下手中的学习任务去处理这些事，学习效率就会大打折扣。对于这类的突发事件，我的建议是先记录，再集中处理。

当这些事情发生时，我们可以将它们写在计划本上或者时光序 App 的备忘里。这些干扰不仅仅包括事件，也可以是我们脑中一闪而过的想法。记录时不需要写得很详细，写个关键词就好。

相较于番茄工作法的化整为零思想，对于这种突发事件，化零为整才是更好、更高效的处理方式。

第四步：记录总结，根据反馈改进方法

当我们按照前三个步骤完成每日学习任务后，要在 App 里或者计划本上写下日总结，这一点也恰恰就是米哈里教授所说的心流状态发生的另一个条件：即时的反馈可以纠正我们的行动。要重点记录两个方面：

（1）计划是否按时完成，若没有，写下原因；

（2）如果计划完成，写出一些关于学习状态或者学习内容方面的心得。

重点查看自己计划没有完成的原因，反思一下怎么改进。

总结

我给大家介绍了压缩工作时间的两个方法：工作化零为整、要事第一原则。每天工作4小时的核心，就是像优秀的管理者一样，优化配置有限的注意力资源，把重点放在创造最大价值的事情上。我希望大家都能带着这样的意识，把烦琐重复的工作内容化零为整，把被临时任务冲碎的时间化零为整，成为一个能独立判断什么工作最有效益，并且只做最有效益工作的聪明"懒人"。最后，我们介绍了一套让你执行任务时可以保持心流状态的操作方法，长期坚持的话，会终身受益。

思考题

你有没有随手处理琐事的习惯呢？记录你在工作日的时间去向，分析一下：你的工作产生了多大的价值？你把最重要的事情排在前面做了吗？你有没有把工作流程化、模板化？

思维修炼： 学霸的三种思维，教你进阶职场高手

在职场中，我们经常会遇到那种不管交代得怎么细致，还是把事情做得一团糟的职员。他们的工作模式体现了一些思维方式上的问题：做事全凭感觉，工作流程复杂烦琐，结果全靠估计，从不反思和优化升级。

香港大学六年的教育经历带给我的训练包括写作、分析、逻辑拆解等，为我的生活带来了极大的便利。我身边的同事也大多具备这些能力，这让我非常喜欢和他们共事。正是因为优化的思维方式赋予同事灵活的工作系统和流程，使得每一个步骤既精准又高效，大家交流起来省时省力，工作完成得又快又好。

所以我想分享一下港大学子都在用的思维方式，从而助你获得快速解剖问题甚至推倒重构的能力，不仅使问题得以飞速解决，更能让你发现问题，看懂别人看不到的趋势、现象。

保持成长：港大教给我的学习思维

在港大的六年，我形成的最宝贵的思维就是永远保持成长意

识，不断突破舒适圈，挑战那些从未做过的事情。

环境的变化太快了，这种变化是不等人的。大多数时候，我们如果不主动求变，等到环境变了，行业和市场规则变了，再想着去行动，就已经丧失了主动权。等到变成了被挑选的人，我们就免不了贬值的命运，很容易在不知不觉中变成温水里的青蛙。看清楚了这一点，我们还有什么理由不持续成长呢？

所以，我希望你不要给自己划定界限，即使没有计划跨行，也可以多学习一些技能武装自己，保持长久的竞争力。我在做研究以及创业的时候，经常要接触一些全新的领域，我会用主题学习思维来快速打开眼界，建立比较全面的认知。

主题式学习，是我之前在写论文时常用到的一个方法，其实就是围绕一个问题或话题寻找大量资料阅读，然后在每篇资料下面深度挖掘参考文献并再次阅读，就这样层层展开学习，直到构建起比较深刻的认知体系。整个阅读过程可以分为三层，最中间

图 3-1 主题式学习

的是我要解决的问题，圆心向外第一层和第二层分别是我要找的资料和要看的书（见图3-1）。

第一步，确定要了解的问题，然后去看通识读本、手册，了解这个领域大概在研究什么，搭建出比较完整的基本框架。比如，我想了解社会心理学，就会选择先读戴维·迈尔斯的《社会心理学》，而不是直接看《乌合之众》这类畅销书。通识类书籍会对问题的各个方面有全面的描述，但是不会涉及太多的细节，避免刚上手的人在过于追求细节的信息中迷失方向。

第二步，对整体有了认知后，再顺着线索深入阅读，不断填充认知细节。比如书籍后面通常会有很多参考文献，我一般会由此顺着层层阅读下去，从而建立对新领域的深刻认知。

刚开始上手的时候，我们要怎么选择靠谱的入门读物呢？这里建议大家看看名校的推荐书单，比如英国牛津大学会给各个学科推荐书单，方便即将入学的学生在开学前读一读，让他们为将要学习的学科做一些准备。

另外，三大慕课平台（Coursera、Edx、Udacit）支持并已经收录了很多名校（如哈佛、耶鲁、麻省理工学院、清华、北大等）的课程资源，直接对接名校的课堂学习，而且很多英文授课的课程有中文字幕。每门课程附有导师推荐阅读的资料，包括一些入门书籍以及深度阅读的材料，因此会省去你筛选的时间。

每当逐渐建立起对新领域的理解，有更深入的学习需求时，我就会选择信息密度高的资料。一般来说,科普类书籍的信息密度远大于电视节目,而一篇学术论文的信息密度远大于一本相同题材的书籍。至于可阅读的专业文献,你可以在百度学术、谷歌学术、知网等平台搜到。

用事实说话:看清数据背后的信息

很多人习惯凭感觉做事情,比如在给孩子挑学校时,只要听到"大家都说那个学校好",就火急火燎地赶紧给孩子报上;听人说哪个专业特别好找工作,就一股脑地每个志愿都填这个专业;瞧着互联网最近势头挺猛,忙不迭地也要去插一脚……有的时候赶巧蒙对了,我们就感叹自己运气好。但更多的人会发现,凭借感觉做选择,很容易失控和踩坑。

在港大做的一系列研究工作,让我养成了分析数据的习惯:对于生活中的一些决定,我都要事先找相关的数据,然后从数据中得出结论,最终做出踏实可靠的选择。

比如,朋友家的孩子要报考院校,我会先在网上搜一下各个院校毕业生薪资水平和当前高考报名期间的搜索热度,再给他们建议。做行业规划时,我会打开政府的行业分析数据,先判断一下行业的发展趋势。做用户需求调研时,我会用百度指数等查看关键词的热度,而不是单凭感觉判断什么需求更火。

当学会用数据来做判断时,你就会拥有过人的眼界和逻辑,使你在解决实际问题的时候可以调动思维与智慧,做出超越旁人的最优决策。我通常以一些官方平台作为数据来源,比如政府官网、大平台的数据网等。从这些网站获得的数据是非常权威、全面的。这里我主要推荐三个数据平台:国家统计局官网、中国经济信息网、指数数据平台。

(1)国家统计局官网。国家统计局官网上有大量可供查阅的数据,包括政府发布的月度、季度和年度的从宏观经济指数到微观行业动态的各种数据。国家统计局是国务院直属机构,主管全国统计和国民经济核算工作,数据的可靠性绝对有保证。有一些信息即使在统计局官网不能直接找到,也可以去统计局官网首页下方的"网站链接"板块寻找拓展资源。这里不仅有各个地区的政府统计网站,还有政府机构、国际组织、国外政府的数据网站。

(2)中国经济信息网。中国经济信息网是国家发改委管理的事业单位平台,该网站的数据包括宏观经济、行业经济、区域经济、法律法规等方面的动态信息、统计数据、研究报告和监测分析。中国经济信息网面对的主要对象是政府部门、金融机构、高等院校、企业集团、研究机构。所以如果你的工作需要搜索一些行业宏观信息、经济数据,那么这是一个非常好的平台。

(3)指数数据平台。我们能用的指数有哪些呢?这里给大家做一个简单的总结:百度指数、阿里指数、微信指数、微指数、猫眼票房指数、爱奇艺指数。

这些指数的搜索技术应用非常广泛。如果你想创业，想了解各个品牌的网友关注趋势对比、需求图谱、关注人群画像等，那么你可以在这些指数数据平台中输入相应关键词，查看对比的数据。比如，你想发布有关英语四六级的推文，那么你的目标用户会对哪些信息感兴趣呢？这时你可以在百度指数平台输入关键词"四六级"。

利用好这些数据平台，你就能获得全网用户的数据，仿佛获得了"上帝视角"。

开阔眼界：行业报告思维

在进行职业规划的时候，你要选择哪个更有发展前景的行业呢？当公司需要制订发展规划的时候，你要怎么了解国家政策和宏观发展趋势并做出应对呢？这些都要求我们对行业发展的趋势有一个宏观的了解，而最直接、最准确的方式就是阅读行业报告。

怎么阅读行业报告？

（1）厘清时间脉络，判断发展趋势。我首先会搜集该行业能找到的报告，然后按照年份依次阅读，重点关注规模、盈利、态势等方面的信息。很多行业报告都会有一些对于未来发展的预测，因此我会从之后的行业报告中推敲当时预测的逻辑是否准确。举个例子，如果你看到一个行业 2015 年的行业报告，里面可能会有该行业五年后的发展预测，那么你可以根据 2019 年的行业报告来验证之前的预测，看看有哪些是与预期相符的，又有哪些未按预期发生，再分析其中的原因。通过这种方法，我们不但能够厘清行业发展的脉络，建立对整个行业的认知，还可以梳理出对于行业有影响的关键要素。

（2）厘清行业的价值。任何一个行业都只是整个产业链中的一个环节。我们可以通过对整个产业链条进行分析，判断某个行业在整个链条中的地位和作用，帮助我们更好地了解行业的状况。

我曾看过知乎上关于如何"一周内摸清一个行业"的帖子，作者提供了这样的思考方式："行业在产业链条中的位置是什么？上下游都有哪些？行业在产业链条中的价值是什么？行业在产业链条中是否不可或缺？行业是否具备在产业链条中的定价权？行业中的集中度如何？"

我们如果从本行业拓展到上下游行业，以整个链条为触发点，思考行业的价值，多问一些为什么，多寻找答案，那么一定会收获满满。

（3）通过龙头企业来熟悉某个行业。你可以通过关注行业内的龙头企业来判断行业的趋势，比如关注业内前三强或前十强的企业。一个行业的转折或者巨变往往都会伴随着龙头座椅的变化,而变化中的逻辑往往就是行业未来五年乃至十年的发展关键。

通过龙头企业来熟悉某个行业的具体的做法有两个:一是阅读企业的财报;二是订阅与行业和龙头公司相关的新闻,随时跟进行业的最新动态。不过跟进不同网站的动态很麻烦,又很难做到很及时,所以我通常会用InoReader(一款在线阅读器)+iPad(苹果平板电脑)的工具组合,把不同信息源集合到InoReader里,先利用碎片时间快速浏览,筛选出有值得看的信息,然后再在iPad上详细阅读,及时追踪到最新动态。

去哪里找行业报告?

(1)咨询公司行业分析报告。麦肯锡咨询公司是全球有名的咨询公司,它的报告非常宏观。因为麦肯锡咨询公司主要为政府、跨国大企业等提供各种咨询服务,会定期在官网上发布一些最新的研究信息。波士顿咨询公司是仅次于麦肯锡的第二大咨询公司,在其官网上我们可以直接获取不同行业的报告信息和资讯。贝恩咨询公司、波士顿咨询公司和麦肯锡咨询公司并称为三大管理咨询公司。贝恩的官网上会定期发布白皮书和行业报告,比如最新的中国购物者报告系列通过分析消费者购物方式,可以帮助人们了解线上线下零售行业的发展态势。

这些平台发布的报告架构合理、内容翔实,如果你的工作也涉及写报告,那么这些行业报告是非常不错的参考。

（2）数据平台行业研究报告。腾讯企鹅智库是腾讯科技旗下互联网产业趋势研究案例与数据分析的专业机构，针对九个热点领域（如金融、教育、餐饮、房产等），基于消费者反馈分析机会和陷阱。阿里研究院依托于阿里巴巴集团，与业界顶尖学者机构合作，集中在电子商务、生态产业升级、宏观经济等研究领域，共同推出创新型数据产品（如 aSPI-core、aSPI）、经济领域研究报告、众多小企业案例。阿里研究院的官网更新快、信息多，它的文章抓住了最新趋势，是获取行业趋势、丰富见识的好去处。

第一财经商业数据中心（CBNData）集合了阿里大数据库和合作方自有数据，对垂直行业趋势发展、行业格局和市场需求营销策略进行分析，提供运营策略支持、产品设计、渠道分布等方面的服务。该数据中心的报告数据翔实，同步更新快，涉及各个行业，因此也是追踪各种行业发展动向的非常好的去处。

总结

这一节我讲了三种思维方式，希望能帮助大家更透彻地看待问题以及更高效地解决问题。

第一种是主题式阅读。你要勇于走出舒适圈，不断探索新领域，那么如何以最快的速度掌握一门新知识呢？你可以用主题式学习法，在解决问题中逐渐推进学习进程。

第二种是数据思维。凡是做出的判断和得出的结论，都要以事实为证，而不是单凭感觉。

第三种是行业报告思维，也就是我们常说的格局和眼界要够大、够开阔。这一点可以通过阅读行业报告实现。

思考题

选择一个你感兴趣的新领域，按照本节的方法搜集学习资料，规划一下你的学习进程，并试着在一周之内对这个领域建立比较完善的认知。

精明外包术：如何平衡99%的工作、生活冲突？

如果生活是一个大舞台，那么每个人都在舞台上扮演着不可缺少的角色。工作与生活的天平在大多数人来看，好像从来都是失衡的。我身边有太多压力爆棚的人，在拼命加班挣钱的缝隙中，感慨没有属于自己的时间。那些既把工作做得出色，又有时间定期度假的人，是怎么过得如此轻松愉快的？

其实，聪明人的生活之所以看起来毫不费力，是因为他们懂得一项精明的生活管理术——外包。他们把外包的艺术发挥到了极致——把浪费时间的事情外包给其他人，集中精力做有价值的事，从而使得自己的人生拥有更多的资源和选择。

那么外包究竟是什么呢？在某种程度上，外包是一种神奇的"外挂"——通过把不必要、不想处理的工作交给他人来节省时间和精力成本，以投入更有意义的工作中。你一定会想到房产中介、留学中介、会计师事务所等工作机构，因为有了它们的存在，我们能在很大程度上体会到生活的便利。比如，你想在一个陌生的城市租房，那么通过自如等中介 App 就可以在线预约看房了，你会拥有更多的时间选购家具、勘查地理位置；物流业的兴盛，使得我们不用跑来跑去地亲自取货，节省更多时间去做别的事情。

外包不仅使整个社会资源高效运转，对于人的发展也是一样。在生活中，越会外包的人，越能让自己开外挂。每天都忙不完的事情，我们大可不必事事亲力亲为，而是通过把不太重要且耗时的事情让别人来做，赢得时间做更擅长、更有意义的事情，从而提高成功的概率，也会有更多的休闲娱乐时间。

同时，外包还可以帮助我们开辟多条人生道路。如果你总想着"工作到多大年纪就不工作了"，那么漫长的工作时光对你来说一定是一种煎熬。我们要打造一种"一边工作，一边享受生活"的方式，而不要盲从"辛苦工作到 60 岁，等到退休再享受生活"的传统模式。这个时候，外包一定会帮助你获得更丰富的多线程人生。

外包实在是一门精明的艺术，而不是一种投机取巧。那么如何使用好外包术，让我们的生活拥有更多的自由呢？

外包入门：让生活自动化编程

想要做好外包，第一步便是从我们的生活入手，判断哪些任务是应该外包给别人的，哪些是必须亲力亲为的，这样我们的生活才更加"自动化"。

比起能做什么，聪明的人更看重"哪些不能做"。大多数普通人有一个很大的误区——事事亲为，忙碌就是充实，就是勤奋。如果不假思索地开始忙碌，精打细算到每一件小事，那么这将加剧你的内耗，因为人的时间和精力是有限的。我们的重点不是怎样延长时间，而是怎样合理分配时间，拿走我们生活中"不该做的事"，这样才能加大马力让生活自动化。

打个比方，假设你每年挣20万元，那么平均每小时可以挣到23元，如果你愿意花宝贵的一小时（23元），去做别人10元就愿意做的工作，这就是对资源的极大浪费。

制订"不做事项"清单——能不做就不做

我会在每天开始的时候严格划定每天"不用去做的事"（见图3-2），看看将这些任务拿走之后，我该集中精力处理哪些该做的事。在这么做之前，我一定会思考：这些事有没有做的必要？

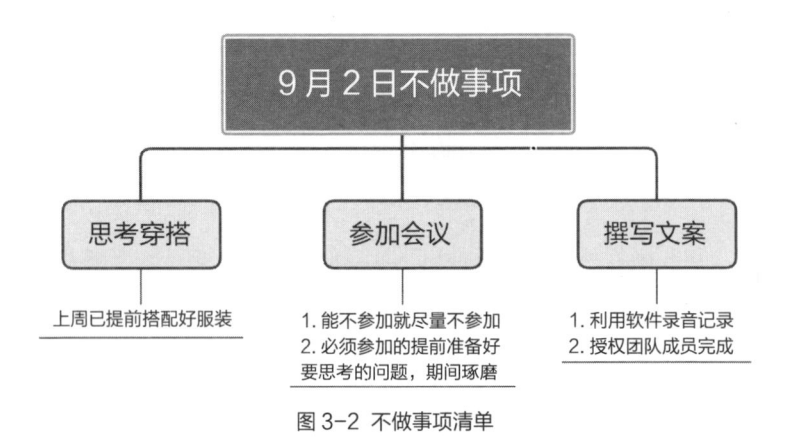

```
                    9月2日不做事项
        ┌───────────────┼───────────────┐
    思考穿搭          参加会议         撰写文案
  上周已提前      1. 能不参加就尽量不参加   1. 利用软件录音记录
  搭配好服装      2. 必须参加的提前准备好   2. 授权团队成员完成
                  要思考的问题，期间琢磨
```

图3-2 不做事项清单

可不可以将这些事情省略或者不做？做这些事会给我的生活带来很大的意义吗？

一个很明显的例子就是我的衣柜整理术——我尽量让自己的衣柜模式化。在每次买衣服的时候，我都会思考搭配，通常会买下一整套行头，所以我的衣柜里要么是一整套搭配好的服装，要么是舒适的基本款。每周我也会花一小块时间排列好七天不重样的搭配，每天早上随手拿出一套，这样能省下很多时间去做别的事情。

划定范围——什么事情是自己做的？

把消耗型的工作外包后，剩下的工作就是需要我们亲自上阵的。那么哪些需要我们自己去做呢？

我们其实可以把每天需要做的事情分为三类（见图3-3）：

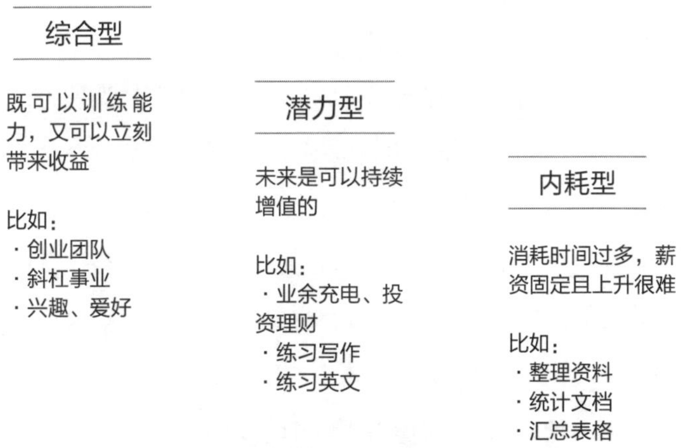

综合型

既可以训练能力，又可以立刻带来收益

比如：
· 创业团队
· 斜杠事业
· 兴趣、爱好

潜力型

未来是可以持续增值的

比如：
· 业余充电、投资理财
· 练习写作
· 练习英文

内耗型

消耗时间过多，薪资固定且上升很难

比如：
· 整理资料
· 统计文档
· 汇总表格

图3-3 每天需要做的三类事情

第一类是纯内耗型：消耗时间过多、薪资固定且上升空间很小。比方说，一些高学历的应届生，刚踏入职场的时候会被要求从最底层的整理材料、统计文档等工作做起。对于应届生来说是熟悉环境和业务模式的好时机，不过这段时间不宜过长，因为后期都是不断重复的体力劳动。

第二类是潜力型：这件事可能在当下不会带来什么财富收益，但是我们可以看到这件事是有前途的，未来是可以持续增值的。比如，投入时间和金钱学习理财，一定需要一个学习的过程，未来才会为你带来固定收益；比如在各种平台上练习写影评和书评，久而久之在未来会为我们带来稿费收益。

第三类是综合型：这件事既可以训练我们的能力，又可以立刻为我们带来收益。比如创业，我们能够边学边获得收益。

我们要做的，就是外包纯内耗型的工作，保证综合型工作的量，增加对潜力型工作的探索。

写活动策划，可以锻炼项目管理能力、人际协调能力；写原创文章，可以锻炼写作能力、文字表达能力；高质量社交，比如参加主题读书会、研讨、学术会议，可以锻炼沟通能力、语言表达能力和自信心。所以，在做事之前我们需要分析整件事情的性质。我每周都会反思：这件事情对我来说是不是有成效？它是内耗型的还是综合型的，抑或是潜力型的？

根据三种工作在当前生活中的优先级来排序，我们的生活最终不是为了工作和金钱，而是为了增加幸福感，保持更好的心情，拥有更健康的体魄。

外包进阶：了解自身需求，匹配高效外包团队

对外的工作，我们需要外包；对内，我们也需要管理自我。身份成长是更高级的外包术，能让你知己知彼，把精力投在成长最快的事业上。

80/20 原则

在企业管理中有一条铁律：永远要把 80% 的精力投入到 20% 最有价值的工作上。因为 80% 成长率最高的工作永远是那些 20% 的工作，80% 的公司收入主要来自 20% 的产品和客户，80% 的股市盈利主要由 20% 的投资者实现。

我们可以迁移到个人管理上：80% 的成果来自 20% 的时间和精力。所以，在对自己的核心价值进行梳理的时候，你就能判断出自己最擅长的是什么——做哪些事最省力；挖掘自己的价值体系——看自己的价值对应什么样的活动，优先选择最有成长性的那 20% 的活动。

我最擅长的是创造性工作，比如新产品、新市场的开发，所以我将创造性工作定为我那 20% 的潜力型工作。我的团队里也有理工科的伙伴，他们选择计算机甚至人工智能算法作为自己 20% 的综合型或潜力型工作。他们通过集中精力学习写代码、编程、

数据分析，很多人因此获得了额外收益。

如何寻找低价又高效的外包？

知己知彼，百战不殆。对于很多内耗型的任务，我通常采用的策略是能外包就外包。你要相信，总有人比你更适合那些你不喜欢的工作，他们可以做得比你更专业，不要为了花钱而惋惜，因为你一定会获得比花出去的钱多几倍的收入。

那么对于我们普通人而言，在明确了自己的需求之后，我们怎样寻找这样的外包团队呢？

我把外包目标分为两类，一类是人，一类是工具。对于人来说，我们需要做到以下方面：

（1）寻找价值观相同或是认同你价值、能力的人。我在寻找外包团队的时候，首先会向成员输出我的价值观和做事的原则、标准、内容，观察团队成员是否理解并认同。比如需要将项目中搜集资料的工作交给团队，我会首先介绍整个项目的核心理念，包括项目的内容、用户群体，需要达到什么样的效果；然后介绍一些时间节点，规定好任务完成的日期，介绍我的安排和规划；最后，我会倾听团队成员的意见，看他们是否认同项目的理念，是否理解整个流程和任务分配。我还会提供给外包团队相关案例或是我想要的文案素材。

保持交流和沟通是了解彼此想法的最佳途径，我们也可以从中让整个外包流程更清楚、更高效。

（2）在同学、后辈、朋友圈中寻找外包团队。找外包太贵怎么办？有一个很好的办法是从你的同学、学生、后辈、朋友圈中寻找。这类群体求知欲相对较强，不仅可塑性高，成本也可控。

我一般会在自己的微信群、微信公众号"学霸星球"里发"兼职招聘启事"，标明自己的需求、标准和薪酬，让合适的人找上门来，这是第一种方法。

我还会和我的学生、后辈群体沟通。这一类群体主要有两大需求：一是前辈的指导和提点，二是兼职、项目经历需求。大多数刚出校门或还在学校的年轻人都希望刷经验、找实习，丰富自己的简历，以及挣点零花钱。我们不妨向他们介绍自己的项目、工作，看彼此的需求能否匹配。这一类人干劲大、可塑性高，和他们一起工作的时候会更像是一个团队，效能也会更高。

所以此时，平时积累的人脉就可以动用起来了。我在找我做咨询的"在行"学员、参加过我课程的学员、微信公众号读者中找到了许多可以合作的人。我们对彼此都有所了解，一起工作可以很快进入状态，合作非常愉快。

（3）从兼职网站寻找专业人士。你如果资金充足，那么可以直接找专业人士，比如一些独立的摄影工作室、视频剪辑工作室，专业团队最大的好处是可以完美匹配你的需求，具备较高的专业素养。

大学期间，我有一个任务正好赶在考试周。那时一切以备考为主，所以我就把该任务外包给一个在线处理商店。该团队收费不到 30 元，且用了 1 个小时左右就完成了任务。专业团队给我的体验是所有外包人员中最好的，当然，你可以去淘宝、猪八戒等兼职网站寻找你需要的资源。

对于工具的应用来说，我们需要注意使用最新的工具，精简工作流程。如果遇到大量的文案必须亲自来写，那么我会寻求一些好用的工具来压缩流程，精简工作程序。这其实就是把任务外包给工具。

在这里，我分享几个自己常用的外包工具，比如用讯飞语记把语音转化为文字稿。我还经常使用一些笔记整理应用（比如印象笔记、OneNote），对厘清工作思路有很大的帮助。

总结

精明外包术能够精简你的生活,将工作分成内耗型、潜力型和综合型,尽量精简内耗型的任务,外包出去,集中精力和时间做有意义的任务。结合80/20原则,我们要尽量把自己80%的时间投入到20%更有成长性的事务中,利用自己的能力和价值体系匹配低价而又高效的外包团队。

思考题

分析你身边的群体和你目前的需求,看能不能匹配到一个低价而高效的外包团队?

第四章

高效的学习方法

语言学习: 人工智能时代，如何快速掌握一门外语？

在人工智能迅速发展的时代，我们还需要学习外语吗？当市场上各种外语学习软件和翻译软件出现的时候，很多人会觉得自己终于可以放弃强攻不下的外语技能了，因为这些 App 可以帮助我们看懂外语文章、听懂别的国家的人在说什么。但是，机器翻译并不像想象中的那么完美。语言是非常独特的，它不仅是词汇和语法堆积起来的代码，还是情感交流和临场应变的有力武器。真正学好外语，可以帮助我们获得更多的机会。

我在大二就取得了 CATTI（全国翻译专业资格考试）证书，所以在后面的大学生涯中获得了很多翻译工作机会，比如翻译新闻、翻译 MBA（工商管理硕士）论文。在我的第一份全职工作中，我负责远程给公司总工程师和需要派往国外的中高管教授英语，与他们的交流同样也打开了我的视野。人工智能时代，学习外语的基本目的是听懂会说，更重要的是通过外语了解不同国家的思维方式、做事方法。这样我们就可以取长补短，从而升级自己的思维与工作习惯。

所以,人工智能时代,我们不仅要学外语,还要学得更透彻、更明白。这一节将为大家讲解如何在人工智能时代快速掌握一门外语。

那么学好一门外语,究竟带给我哪些思维方式的变化呢?

它赋予我严谨的逻辑能力。以英语为例,从句的特殊性让我说话的时候习惯用总分总的结构,这样逻辑性更强。

它让我在工作中从容发挥分析能力。我在做汇报的时候习惯举例子、打比方,用数据说话,这让我得到了领导的认可与赞许,因为雅思、GRE(美国研究生入学考试)以及英文学术写作等训练教会我用数据支撑论点,以及怎样增加说服力。

它让我能够随时随地获取我想知道的信息。当你在搜索引擎上尝试搜寻某些问题的答案时,你会发现外语的文献和专业资料更多,如果你外语熟练,就能更快、更准、更有效地获取任何想要的资料。

巧用提升模型,半年听懂会说

成年人学习英语,不以考试为目的,而是听懂外国人说话并且能和他们交流。其实这才是真正学懂英语的方式。掌握了英语的表达方式,思维方式就会得到潜移默化的提升。

基于科学领域的研究,针对英语学习,我们可以采用高效的提升模型：模仿、反馈与浸入式使用。

模仿：找到一份适合你的英语学习材料或者一位优秀的老师，跟着练习，模仿语音、语调，以及日常交流中的习惯表达等。

反馈：寻找志同道合的小伙伴，不断地练习，相互评估水平，反馈彼此看不到的问题。

浸入式使用：与刻意练习有点相似，需要你进行大量的练习、纠错、改正。浸入式使用的独特之处在于，必须用一段甚至几段固定的时间完全沉浸在外语的语言环境中。比如这周练习口语，你就尽量在日常生活中和小伙伴用英语表达和交流，如描述你刚看的电影、书籍等。让自己沉浸在语言环境中，就能迅速找到语感。

那么具体怎么操作呢？我希望通过"泛"与"精"两个概念阐释英语听说学习。

"泛"的操作：在生活中营造外语学习环境和机会

"泛"是什么呢？"泛"，指的是你不需要想着如何努力、如何细致地解决好问题，只需要把自己抛在有利的语言环境中，利用大量学习材料创造学习环境，潜移默化地熏陶自己的语言习惯。

语言的学习永远需要良好的环境。我们的母语不是英语，在学习英语的时候没法做到像学生备考那样拥有"安静的环境"，我们需要的是"每天听到英语"的环境。但是这很难，因为我们再怎么学习英语，也会在日常生活中用汉语交流。

针对这种情况，我们该怎么做呢？我的做法是用大量的英语学习材料堆积出适合学习的环境。

（1）把手机调成英语模式。考虑到每天使用手机的题库，如果把手机语言换成英语，那么每次打开手机的时候，我们的思维会自动切换成英语模式。在感觉不太舒服的模式下使用手机查收邮件，完成基本的操作，我们就能在不知不觉中训练英语阅读能力。另外，我们还可以多下载一些国外的 App、英文版的微博等，尝试用英语参与社交。

（2）用英语标签整理书籍文件。你如果有大量书籍和文件需要整理，那么不妨用英语标签分类，这其实是一种扩大词汇量的工作。如果是培养孩子的英语词汇量，那么我们也可以把家里的物品贴上英文标签。这样每次一打开冰箱，孩子就会意识到这是 refrigerator，看到书架就会知道这是 bookshelf。

（3）浸入式地播放英语音频。大学期间，在早晨刷牙、吃早饭的时候，我会播放英语新闻；后来有孩子了，我会在早上播放英文儿歌；通勤的路上，我会播放《新概念英语》；晚上，我会看迪士尼出品的情景剧，或 BBC、探索频道的纪录片。这种学习方式不需要我们听懂，只需要我们不停地"磨耳朵"，沉浸在英语的对话、发音与交流之中。久而久之，我们在开口说的时候，会发现自己已经学会了英式英语或者美式英语的发音技巧。

"精"的操作：取得飞跃的钥匙

关于"精"的操作，我想从介绍我备考雅思听力说起。从前英语听力是我的弱项，但后来我转变思路，开始精听：听一段听力材料的时候在纸上快速写出原文，听到多少写多少，有时手速跟不上就写听到的关键词。雅思听力的每一段材料我都是这么听过来的。最后在雅思考场上我几乎无障碍地听懂了每一句话，听力部分也斩获 8.5 分（满分是 9 分）。

如果你想切实地听懂、会说每一句话，那么你要从每一段听力或口语材料开始，做特别细致的记录和拆解工作。

（1）精听听力材料，做记录。你不必仿照我的逐字逐句记录法，只需要快速记录下你听到的名词、动词、形容词和副词，因为英语句子的主要构成一般就是这几个词类。如果你听到一句"The trouble is that I have lost his address（麻烦的是我把他的地址弄丢了）"，那么你需要记录的就是：trouble（麻烦）、lost（丢失）、address（地址）。抓到这几个关键词，你基本上就能把意思猜得八九不离十。

（2）精练口语。提高英语口语的主要方法是提升模型中的"模仿"。你如果总是表达不到位，或是很多音发得不准，就得去找材料模仿、跟读。B 站上有很多音标的发音视频，你可以拿来做口型、唇齿的发音训练。通过一遍一遍地模仿、跟读，一段时间内，你会取得不错的成果。

（3）用提主干法精练阅读能力。和记录英语听力材料中的名词、动词、形容词和副词一样，你如果想快速看懂英语文献，就要学会提取句子主干。因为一段英语材料中有很多词语对于快速阅读来说都是干扰项。你如果可以通过几个词快速看懂整个从句，就能比别人在更少时间内获取更多的信息。比如句子"That's the reason why they're called lessons, because they lessen from day to day(因为逐渐变稀缺，因此它们被称作课堂)"你就要提取"reason（原因）""called（被称作）""lessons（课程）""lessen（稀缺）""day to day（一天天）"，这样是不是就能快速地把意思理解得很透彻？

我们要将语言学习当成一项日常生活技能，美国FSI（外交学院）给出了一个比较客观的时间范围——习得一门外语需要花费575~2 200小时。每天坚持学2个小时，3年左右我们就可以熟练掌握一门语言。

总结

即使在人工智能时代,学好外语也会给人生带来很多机遇。我所说的高效外语学习的提升模型——模仿、反馈与浸入式学习,以及"泛"与"精"两个概念,能够帮你搞定英语听说。借着问题导向式学习法,通过构建问题、找靠谱的资料、交流与反馈式学习、集中练习等手段,最快半年你就能拿下一门外语。

思考题

根据自身情况,如果想要学习一门语言,那么你会如何制订学习计划,整个学习路线是怎样的?

高效记忆：信息爆炸时代，如何做到"过目不忘"？

我们不断前进的一生，更像是一个闯关游戏，要想升级，就必须闯过一个又一个关卡。比如要拿到职场敲门砖，我们必须先通过一些考试，获得一些证书；想要跳槽到新公司，我们总得征服面试官；等等。而我们也可以用更高效、更聪明的方式去闯关。每一次通过关卡，都是在为我们的未来蓄力。

无论是通过考试还是面试，抑或升职加薪，都需要我们不断地积累经验和认知。这就绕不过一个永恒的话题——记忆力。尤其是在信息爆炸的时代下，我们的工作内容变化越来越大，需要接触的新领域越来越多，我们也越来越感到脑容量不够用。接下来我们就一起来看看如何升级大脑的记忆——在信息轰炸面前不凌乱，在入门新领域时更轻松。

工作中带来的记忆挑战

我是一个记忆力非常不好的人，从小就饱受记忆上的困扰：

翻着看不到底的通讯录，怎么也想不起来前两天联系过的客户，到底是李先生还是赵先生。会议上发表意见的时候，明明之前积攒了一堆很棒的灵感，关键时刻总是想不起来。下班后看看书，充实一下自己，总感觉读完了什么也没记住。

这是个信息爆炸的时代，我们使用的工具和理论知识都在不断更新。这就意味着，无论从事什么职业，我们都必须不断学习。今后，终身学习就是每个人的刚需。

在当今社会，我们每个人都需要强大的记忆力，但是传统的记忆方式并不能应对信息爆炸的压力。因此，我索性避开记忆力不好的短板，充分培养自己高效获取信息和高效处理信息的能力，在超大信息量的环境中捕捉关键信息，快速构建起对新事物的认知能力，并以超快速度学会应用——所见即所得的能力。

市面上很多关于记忆力的书籍大多停留在机械记忆的层面，即通过各种技巧把信息不加理解地"写入"大脑。我们或许看到过这样的"记忆冠军"：他们在一分钟内记下很长的数字或很多张扑克牌。但对普通人来说，我们并不需要这种高强度的"写入式记忆"，然而应试教育却十分注重对这种记忆方式的培养。因为在传统的应试环境下，我们只需要应对课本上有限的知识，记忆的内容有一定的范围，信息量低、信息更新慢且知识不需要迁移。

而在信息量剧增、知识半衰期越来越短的真实时代背景下，我们前一秒记住的东西可能下一秒就被推翻了。过分地沉迷于记住更多的信息，反而没有太大意义。我们更需要的是"理解式记忆"，要理解事物的意义，把新知识和已有知识关联起来，最终纳入自己的认知结构，转化为个人的认知。

面对记忆的挑战，我们该怎么办？

面对信息时代的挑战，我们需要升级记忆模式——不再是记住一切，而是"以用为主"，搭建起高效处理信息的系统。

这个记忆系统是什么样的呢？我把它分成了三个部分：

（1）流动信息的记忆，交给搜索。

爱因斯坦说过，我也记不住光的速度是多少，因为我只需要翻书查阅就好。所以，对于零碎的信息，我们只需要记住大方向，用到的时候直接上网搜索就行了。比如，对于某些产品的最新报价、某项新技术的最新进展，我们只需要知道去哪里能搜到，以及需要输入哪些关键词就可以了。

（2）必须"记住"的琐碎信息，就外包给工具。

对于需要保存的信息，我们可以通过分类、贴标签、加备注的方法，记下来它在讲什么问题、会用到什么地方。我们要把大脑的思路映射到外部，即大脑里的思路是什么，我们就按照什么思路安排文件夹的位置。通过学会做标记，方便我们在使用的时候能按照对应的逻辑马上找出有用的信息。

比如，通过修改微信好友的备注，我们就能很快地找到一个人；对于收到的名片、重要的信息，我们通过拍照上传到电子设备的方式统一管理；对于平时看书获得的灵感，我们只摘取重要的部分并将其放到电子笔记里。这样一来，所有的信息只需要搜索关键词就可以调用，还可以定期更新、迭代、总结。

我们每天还有大量的待办任务要处理，费力记住要做什么，会严重影响我们工作时的注意力。所以我比较喜欢用手机随手记下来，设置时间节点和提醒。只需要稍加留意，我们就可以发现很多App能帮助我们实现这些功能。

（3）真正需要大脑记忆的东西，是能拓展我们认知的东西，需要先理解，再存储。

对于真正需要大脑记忆的东西，我们可以用思考和逻辑把它们联系起来，形成对某一个领域的理解。不过，我们记忆这类信息靠的不是死记硬背，而是"理解式"记忆。那么如何实现理解式记忆呢？总的来说，就是要把一本书读薄、读厚、再读薄。我们可以采用如下方法：

第一步是了解大意。拿读书来说，我们要先通读或者浏览一遍，了解它的主旨和大致内容，梳理框架结构。

第二步是局部分析。对内容有了大致了解后，我们就要逐步深入分析。比如，我们要按照框架结构把你正在读的书划分出不同的模块，理解每个模块在讲什么，要论证哪些观点，以及它的论点、论据是什么。也就是在框架的基础上，逐步理解文章背后的含义。

第三步是寻找关键词。这一步是把书再读薄，即在理解好细节的基础上，提炼其中的关键词。

第四步是融会贯通。就是反复思考提炼出的各个关键信息——它们之间有什么关系。新知识跟已有的旧知识有没有联系，可以用概念图或思维导图梳理出来，建立一张知识大网，打造一个全面的知识体系。

第五步是实践运用。我一直在强调，我们要摒弃"学生思维"；凡是学习都要以应用为目的，要逼着自己"输出"。比如，你在学习 Java 语言，那就试着去编写、运行一段小程序；你在看经济学书籍，就尝试着在网上评论一些经济学现象，和大家一起讨论；等等。

此外，我们还有很多辅助理解性记忆的工具，可以梳理不同知识点间的逻辑，比如 Xmind、亿图图示等，免费版的功能就完全够用了。

我几年前在读《大数据时代》这本书的时候，就用了 Xmind 辅助理解。

首先，我浏览了一下前言和目录部分，有了一个大体的把握：这本书讲了大数据在工作、生活中的各个方面影响我们的判断和决策，并且从思维、商业、管理三个角度分别阐述。于是，我先列出了整本书的结构导图（见图 4-1）。

其次，每个部分都有哪些分论点呢？又分别是用哪些论据论述的呢？比如，有一个部分在论证大数据的优势时，采用了正反论的写法：先举例说明抽样调查的误差大，会漏掉很多细节；然

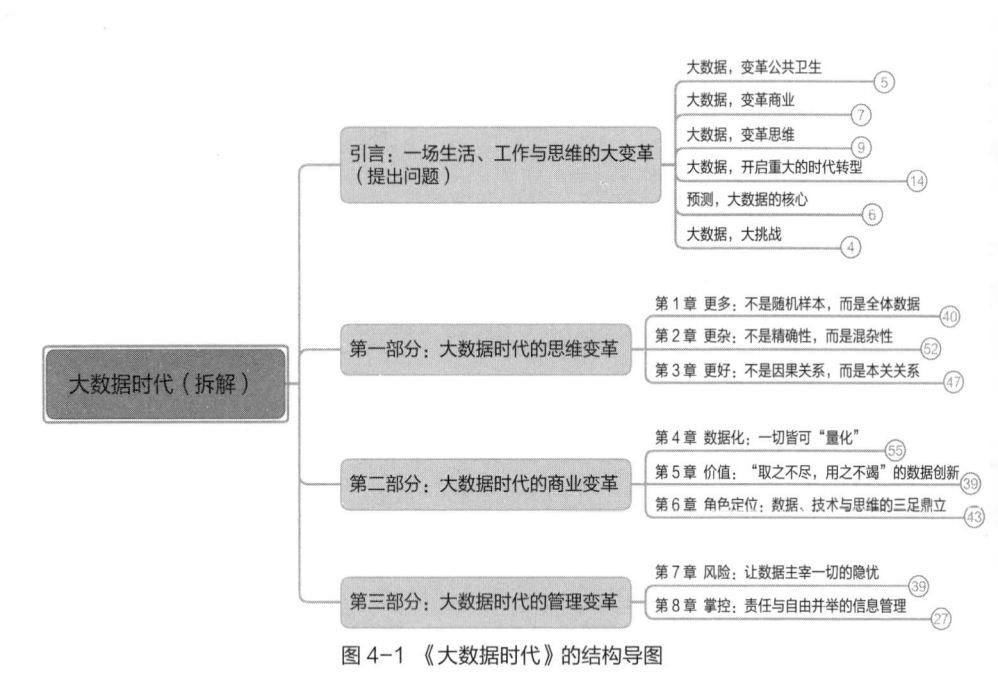

图 4-1 《大数据时代》的结构导图

- 大数据时代（拆解）
  - 引言：一场生活、工作与思维的大变革（提出问题）
    - 大数据，变革公共卫生 ⑤
    - 大数据，变革商业 ⑦
    - 大数据，变革思维 ⑨
    - 大数据，开启重大的时代转型 ⑭
    - 预测，大数据的核心 ⑥
    - 大数据，大挑战 ④
  - 第一部分：大数据时代的思维变革
    - 第1章 更多：不是随机样本，而是全体数据 ㊵
    - 第2章 更杂：不是精确性，而是混杂性 ㊲
    - 第3章 更好：不是因果关系，而是本关关系 ㊼
  - 第二部分：大数据时代的商业变革
    - 第4章 数据化：一切皆可"量化" ㊺
    - 第5章 价值："取之不尽，用之不竭"的数据创新 ㊴
    - 第6章 角色定位：数据、技术与思维的三足鼎立 ㊸
  - 第三部分：大数据时代的管理变革
    - 第7章 风险：让数据主宰一切的隐忧 ㊴
    - 第8章 掌控：责任与自由并举的信息管理 ㊗

图 4-1 《大数据时代》的结构导图

图 4-2 大数据的优势分析

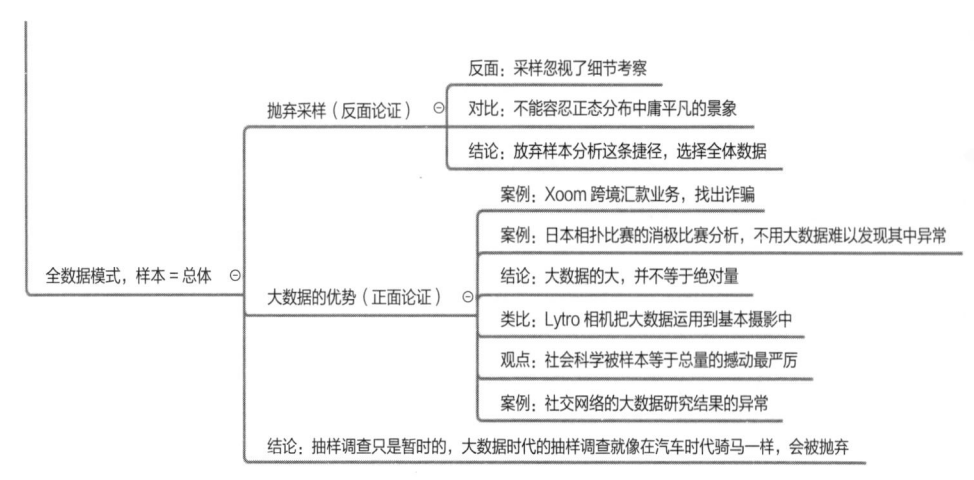

- 全数据模式，样本＝总体
  - 抛弃采样（反面论证）
    - 反面：采样忽视了细节考察
    - 对比：不能容忍正态分布中庸平凡的景象
    - 结论：放弃样本分析这条捷径，选择全体数据
  - 大数据的优势（正面论证）
    - 案例：Xoom 跨境汇款业务，找出诈骗
    - 案例：日本相扑比赛的消极比赛分析，不用大数据难以发现其中异常
    - 结论：大数据的大，并不等于绝对量
    - 类比：Lytro 相机把大数据运用到基本摄影中
    - 观点：社会科学被样本等于总量的撼动最严厉
    - 案例：社交网络的大数据研究结果的异常
  - 结论：抽样调查只是暂时的，大数据时代的抽样调查就像在汽车时代骑马一样，会被抛弃

图 4-2 大数据的优势分析

后又列举了查找诈骗、相扑消极比赛的例子，以此说明大数据能挖掘出小数据得不到的"细节信息"。于是我梳理出了大数据的优势（见图4-2），并且提取出"大数据更精确"这个关键词。

就像这样，我一点一点地把每个部分先读厚、再读薄，最后把每个部分的关键词织成一张大网，形成认知：我们在做分析或决策的时候，要重视大数据的作用。然后我会和朋友讨论阅读感受，或者在网站上和书友交流，看看会不会碰撞出新的想法。

提取记忆

在以应用为主的信息记忆系统中，我们只需要理解并记住最核心的东西，而把需要机械记忆的信息点都外包给电子设备和网络搜索即可。然而，在有些场合，我们还是要用上"机械记忆"的。比如参加某个考试时，我们必须把大量的信息"写入"大脑，然后在需要的时候把它们"提取"出来。因此，这种记忆也被称作提取式记忆。

增强提取记忆的能力，实际上有一些技巧：

（1）提取信息，加强编码。拓展编码的信息量，更容易提取信息。

假设有这样一个任务：给你一个单词【如brain（大脑）】，要你寻找它的押韵单词【如train（火车）】。一段时间之后，再问你brain的押韵单词，你十有八九想不起来train。如果当时不是要你寻找押韵单词，而是联想该单词的含义或功能，比如你能联想到 train 是一种交通工具，进而联想到坐火车的情景，那么你事后回忆起 train 的可能性就大大增加了。这是因为，后一种记忆的编码方式提供了更多提取线索——不只有火车的交通功能，还有乘坐火车的场景，任何一个线索被触发都可能让你顺藤摸瓜地拎出整条记忆来。这就是利用理解或者含义拓展信息的量，从而加深记忆。而前一种记忆方式只提供了一条线索，即 brain 的押韵单词，自然比较困难。

那么要怎样拓展提取的线索呢？我们可以使用"视觉联想法"，基于要记忆的东西联想出具体的场景，画面越奇特，我们会记得越牢靠。

我来举个例子：榕树、蜘蛛、跛脚的人、香槟、芭蕾、鸽子、橘色、射击。

你要怎么记住这些词呢？我的方法是把它们编造成一个场景：在一棵长得很茂盛的榕树上，住着一只蜘蛛。它偷偷地溜达下来，看到树下坐着一个跛脚的人，跛脚的人的手里拿着一瓶香槟。香槟瓶上印着一个跳芭蕾的女孩，一只鸽子落在她的手臂上。跛脚的人望着橘色的天空，想起他曾经射击很准，还拿过冠军。

你在回忆这个场景时，是不是就能说出前面的单词了？背英语单词时，我们也可以使用同样的方法。

（2）建立刺激：情境迁移。

在科学松鼠会的网站上，有一篇科普文章《气味与记忆——

非一般的亲密》这样写道：

"我们的回忆很多都是和气味连接在一起的。当闻到某一种味道时会突然想起以前的一些事情，比如端起一杯香热的巧克力饮料，想起了最初品尝巧克力的情景——将一块黑褐色的糖放入嘴中，浓浓的滑滑的，有一些甜蜜和温馨；再比如，在暴雨来临之前，浓郁的泥土和小草的味道，会不会让你回忆起小时候因为没有拿伞被大雨淋透的感觉，甚至能串联起回家挨揍的记忆——屁股上还有点火辣辣的痛。而当我们想起过年，鼻腔里是不是也会有厚厚的爆竹烟火味道，仿佛立马置身于热闹的大年夜。尤其是在社交活动中，我们经常会因为某一种味道想起一个熟悉的人，甚至是几十年没见的老朋友。"

的确如此，我有时候会在看小说的时候放上一段背景音乐，之后每当听到这段音乐就想到当时看到的那段情节。

你也许会回想起来，考试的时候出现的知识点往往是记忆最深刻的。考场上的微微紧张感——走动的考官、试卷的质感、题量和难度，在一定程度上构成了一种对大脑的刺激。大脑短暂的不舒适，会给你带来情绪上的变化。你当时答了什么题，最后答案是什么，甚至在什么地方漏了标点，都会特别清晰。此时，我们的记忆就与这种"不太舒适"的情境产生了连接，而记忆的提取往往特别深刻。

因此，我们在记忆重要信息的时候，需要把自己丢进一个略微不舒适的环境中，让自己的记忆和周围的环境融合在一起。比如，我喜欢在咖啡厅、书店等地方工作或学习，因为环境中适度的嘈杂反而更有利于我把一串串人名、事项和工作情况与咖啡的味道、书页翻动的声音、人群穿过的声音一起记在脑海里。所以有时候我在办公室里，也会通过App将环境音调整为咖啡厅的背景音。

如果没有合适的情境，那么我会给自己营造一些场景。比如，在阳台一边吹风，一边打开电脑工作；一边跑步，一边在脑海中回放老板交代的事项；等等。久而久之，我会习惯性地将情境与记忆提取结合起来，从而记得更牢。

总结

应对信息爆炸的高级记忆模式教你把细节性信息交给搜索引擎，把琐碎的信息外包给电子设备，用理解性记忆建立认知网络，打造一个以应用为主的学习系统。对于一些需要死记硬背的场景，比如背单词、临时应付考试等，我们可以用"提取正确编码的信息"和"以建立刺激的方式增强情境迁移"的方法。

对于普通人来说，我们还有一项制胜的法宝，并且人人都可以用，那就是刻苦训练。在每一个时代，刻苦训练都可以成为我们的杀手锏，帮助我们将心法修炼内化，赢得更高效的人生。

思考题

你有没有一本很喜欢的书，现在还能想起具体内容吗？试着用我教你的方法，梳理一下它的内容结构，把干货纳入你的知识库吧！

学历提升：拿下正规学历，为高效人生开启绿灯

从很大程度上来说，现代社会是一个靠学历和证书说话的社会。学历和证书在很多场合决定着人们的职业乃至社会地位，比如律师、医生、程序员等职业都以高学历为门槛。

学历系统，从本质上来说是一种信任系统。我们现在的社会，有两大信任系统：一个是以货币为基础的金融系统，看重信用资产；另一个就是以学历为基础的专家系统，看重专业资产。著名社会学家柯林斯在他的《文凭社会》一书中指出，西方社会高等教育一直是通向"高社会地位"的最佳途径。高学历的人通常会获得更高的社会地位，科学家、教育家、政界名人无一不拥有高学历，同时他们还会接触到更优质的资源，从而加固自己的社会地位。同样，在中国，各大名企也偏好"211""985"的名校生。高学历为许多人提供了阶层上升的渠道，是高效人生中无法忽视的重要资产。

那么，我们普通人应该怎么拓展这个社会资源呢？在这一节中，我们将从客观的角度认识一下学历资产在高效人生中发挥的推

动作用。当然,我绝对不是在鼓吹学历,也不赞同唯学历论,更不赞同"学历无用论"或"反智主义"。我们仅基于学历这个社会规则,来解读一下学历资产,看看如何利用学历来实现平步青云。

正确地解读学历资产

中国总共有多少研究生?不到 1000 万。

随着我国素质教育的普及,各大高校纷纷扩招,越来越多的高学历人才涌现出来。大学毕业生开始变多,而大学毕业证含金量也普遍下滑。大学毕业生在找工作的时候出现"就业难",因此学历的价值开始受到人们的质疑,很多人开始主张学习无用论。他们认为即使读了大学,毕业之后也不一定能找到一份好工作。

每年听到毕业生数量在不断增长的时候,你是否好奇过本科毕业生有多少,研究生毕业生有多少,目前高学历在我国是否还有用?

以 1995 年全国招生 40 000 名研究生为基数开始计算,截至 2018 年,总研究生数量为 817 万左右。因为 1995 年之前招生数量相对较少,所以 1995 年之前的研究生数量我们暂定在 20 万,也就是说全国研究生(包括在校生)数量为 837 万。[1]

在 14 亿人口中,全国研究生学历的人数比例约为 0.71%,这

---

[1] 数据来源:中国教育在线

也就意味着每 10 000 个人中研究生学历的仅有 71 人。所以研究生学历人才在我国还是比较稀缺的。

我们国家的高等教育的普及情况远低于发达国家，仍旧有很大的上升空间。对普通人来说，通过学历提升打开上升通道，仍然是非常可行的选择。

有哪些和高学历挂钩的福利

作为一种稀缺资源，高学历人才往往得到社会各方面的优待和重视。我们可以看一下这个社会给高学历的人开了哪些"绿灯"。

（1）研究生学历在考公务员的时候可享受副科级待遇。

研究生报考公务员有两大优势：一是工资较高，二是升职比较容易。体制内的工作特别看重学历，不同学历的工作人员工资差距很明显。本科生考上公务员只有科员的待遇，而研究生考上公务员就有副科级待遇。"80 后"的干部可能拥有本科学历就已足够，但是对于"90 后"，如果有研究生学历，那么他更容易被当作储备干部来培养。同时在一些遴选考试中，省级、市级部门会更偏向招聘研究生学历的工作人员，所以研究生学历在体制内的竞争优势非常明显。

（2）教师入职一年后自动升为一级教师。

当下我国教师评职称的难度，让许多教师感到头疼。如果你以研究生学历进入体制内的教师队伍，那么在工作一年后，提交相关证明资料便可获得一级教师的职称。而本科学历的教师想获得一级教师的职称则会比较难，他们需要提供优秀教学方案和各种证明材料。所以，研究生学历在教师队伍中也得到了一定的青睐。

（3）享受城市人才引进优惠待遇。

许多一二线城市都利用自身优势开启"抢人"大战。虽然这些城市"抢人"，但并非什么人都抢，它们抢的大多是本科及以上学历的人才。所以学历越高，福利待遇往往就越好，包括生活补贴、住房补贴、落户等方面。比如深圳的新引进人才租房和生活补贴标准为本科15 000元/人、硕士25 000元/人、博士30 000元/人。我们可以明显地感觉出：学历不同，社会给予的回报也不同。

（4）薪资待遇高。

在很多情况下，你的学历代表着你的能力。学历是刚进入社会必要的敲门砖，因为在不了解你的时候，大多数人会先根据学历判断一个人的能力；另外，很多大型企业在招人的时候，特别看重应聘者的学历，并会根据学历开价。所以研究生学历的人被录用的概率会比本科生大一些，甚至在入职之后很多企业还会有研究生学历补贴，研究生的工资大多也会比本科生高。所以如果不考虑其他因素，仅从学历来看，在工龄相同的情况下，研究生的薪资要高于本科生。

学历资产规划：非"985"本科，就和高学历无缘了吗？

说到学历规划，大部分人都觉得是一件特别专业的事，有很多规则不熟悉，在这里和大家分享一个朋友的案例。

朋友的儿子现在在广东一所专科学校读环境工程专业，目前大一，想问我有没有本硕连读的学校可以推荐。通过他的提问我知道，他想了解怎样能够节省时间，用最快的方式从专科读到研究生。

那到底有没有这样的院校可以推荐呢？这里就涉及学历教育的一些规则了。学历分为专科、本科、研究生，这些常识我们都知道，但是绝不是随便连读、直升的。有没有那种不用参加考试就能读研究生的呢？有，那就是"本硕连读"，它指的是有些学校在该学科同时开设了本科和研究生教育，并且有本硕连读的培养计划，通常来说医学专业会比较多，但也不是无条件的。

听了我的分析，朋友了解到学历教育的规则原来不是想当然地免去考试直接读研究生。不过，他问的节点比较好，孩子还在读大一，在这个阶段可以做两手准备：一方面关注学校有没有插本生的计划，可能名额会比较少，不过如果能有机会读全日制本科是最好的；另一方面，同步准备报名自学考试考本科，两年内考完十几门科目，正好专科毕业的同时拿到本科毕业证，省去了读本科的时间。正常专科学历要工作两年后以同等学力的身份考研，还要接受很多如英语、专业课等科目的加试。自考本科成功后，在专科毕业的同时就可以着手准备研究生阶段的考试了，无论是想考国内的研究生，还是申请国外高校留学都具备了基本的资格，像中国香港的一些大学硕士是一年学制的，大大缩短了在校读书的时间。

据此我们可以总结出以下几点：

（1）学历提升有其规则和要求在，合理规划能帮我们少走很多弯路；

（2）学历提升是个时间工程，成人本科 2~3 年，研究生 3 年，最好早规划、早行动；

（3）所谓的捷径，就是在合理规划提升路径的基础上，通过学习提高每次考试的通过率，但是市面上承诺包过、连读、不用考试、不用写论文就能毕业的机构要谨慎对待。

由此可见，高学历是可以通过努力获得的。在现实生活中，许多人曾经对高学历抱有一定的憧憬。只是在高考制度下，有些人发挥失常而未能走进理想的大学，但是这并不意味着人生就没有希望了。我见过不少非"985"本科生的逆袭，他们大致分为三种：第一种，知道自己的本科学校不是很好，在校期间就准备考研，有目标、有方向地考入名校；第二种，工作几年后发现还有进修需求，在职期间凭借强大的意志力考研，最后考上了不错的学校，转行换业成功；第三种，知道自己在读书上并没有什么优势，于是在大学期间努力开发自己的潜能，毕业就收获一份非常好的工作，后期再进修一个比较好的学历。

而我属于第二种人。在社会上历练几年后，我发现从工作中学到的东西已经不能满足我的需求，同时我的工作需要我有更大的进步。在职场工作 6 年后，我重返校园，进修了一个可以反映我兴趣和热情的教育课程——香港大学教育技术硕士课程。这个课程对我很有意义，进一步升华了我的职业技能和兴趣，所以我一边工作一边在中国香港读书。后来，我获得全额奖学金的博士邀请。犹豫过后，我选择继续攻读，想给自己一个机会，了解自己在科研方面的可塑性。这段经历对我的成长来说是意义重大的，而且我也从中受益匪浅。

接下来我细致地讲一下如何搜索经验和材料了。我有个比较推荐的搜索顺序：先搜学习经验，再搜参考资料。

第一步：搜索学习方法和经验。

当你对学习的新领域一无所知时，一定要先看看"过来人"的学习方法和指导性意见，可以避免走许多弯路。一是要对自己需要什么样的材料有一个整体的把握——有哪些重点、难点，怎么解决，要怎么规划学习进程等；二是会获得参考书目，甚至优质课程、学习网站的推荐。

怎么搜学习经验呢？最基础的是用搜索引擎直接搜索"xx自学方法或策略"。我常用的方法就是逛各大论坛，尤其是当你准备升学考试、语言考试、计算机考试、公务员考试等各种考试时，可以多逛逛小木虫论坛（http://muchong.com/f-280-1）和大家论坛（http://club.topsage.com/），查找丰富的下载资料、学习方法。如果你没在这两个论坛找到自己要学习的板块，还可以试试知乎。

书籍一般是很主要的学习资料，除了在各论坛的学习帖子中寻找参考书籍的推荐，你还可以用这几种途径获取书单作为补充：

■ 高校图书馆的书目推荐，比如剑桥、牛津的图书馆网站；

■ 在公开课网站上搜索相关的课程，看课程的公告或简介；

■ 在当当、亚马逊、豆瓣输入关键字，可以找到大量书籍，通过看目录、书评筛选合适的书籍。

第二步：搜索参考资料。怎么搜呢？先找各大垂直网站，再用网盘搜索，最后用引擎搜索，如果还有搜索不到的，就试试淘宝。

（1）垂直搜索。大部分资源都有对应的垂直网站，在上面搜索会非常有针对性、非常高效。

比如说搜电子书资源可以用鸠摩搜书、周读、学搜索等；找优质的高校公开课程可以上 edx、Coursera、MOOC、中国大学慕课等；找视频学习资源可以去哔哩哔哩弹幕视频网站（简称"B站"）；找期刊文献用大木虫学术导航、iData；学习软件的使用技能可以直接上官网搜索。

（2）垂直搜索搜不到的，或者你也不确定资料到底是哪种类型的，可以先试试网盘搜索。比如如风搜（http://www.rufengso.net）、百度云搜索（https://www.wowenda.com）、盘搜搜（http://www.pansoso.com ）。

（3）如果网盘搜索结果也不理想，可以用引擎搜索。熟练掌握下列基本指令，搜索会更加高效精准：

■ 限定文件类型："关键词＋空格＋filetype: 文件格式"；

示例：2018 考研英语真题 filetype:pdf。

■ 特定时间内的关键词信息："关键词＋空格＋xxxx（年份数字）..xxxx（年份数字）"；

示例：知识付费 2015..2018。

■ 不包含某关键词："关键词＋空格－关键词"

示例：输入"注册会计师考试－推广－推广链接"，找出来的内容就屏蔽了广告。

■ 将关键词限定在标题中："关键词＋空格＋intitle: 需要限定的关键词"；

示例：考研英语 intitle: 大纲。搜索出来的就是在标题中含有"大纲"字样的网页。

注意，在搜索指令中的":"和".."要用英文输入法，不能用中文符号。

但不是资料看的越多，你能学到的就越多。一方面是吸收资料时要有自己的思考，更不要看了别人的帖子就完全照搬人家的经验去行动，"尽信书，不如无书"；另一方面是要合理筛选，不要对从各种渠道搜索来的资料闷头做无差别阅读，看资料时要选择先看和后看，详看和略看，认清哪些内容是目前不需要的，这样的自学才会是高效率的。

另外，"纸上得来终觉浅"，书籍、课程上能讲出来的都是显性知识，还有一些"只可意会，不可言传"的隐性知识，比如我们常说的语感、题感等，必须要经过长时间实践、思考的积累后才能形成。

在学历提升过程中，除了对经验和资源的搜索，如何选择合适的院校对许多人也许更加关键，我们常说的"选择比努力更重要"在这里非常贴切了。

如果你决定考研，每个学校的专业实力、招生指标、专业课考试题目都是不同的，这些因素加起来构成考上这个学校的难度系数。申请留学也是同理，那么通过哪些方式来了解到最真实的学校情况呢？

学校的官网上一般都会公布近几年的录取分数和人数等信息，但是光掌握这些是不够的，我们最好能找到有成功录取经验的人进行咨询，我们可以通过在行行家、知乎、微博、QQ、B 站等平台找到有经验的人。你有什么不懂的完全可以发私信请教，勇敢一点，求学路上，这些考过的同学都知道备考不易，大家都是非常乐意互相帮助的。

当你选定了目标后，接下来就是备考环节了。这与我们学习一些技能类内容不同，技能类内容可以经常有反馈，学习的目标可能是应用为主，但考研的话分数是我们的目标，一般考试内容比较多，备考时间比较长，所以坚持显得格外重要。回到开头的那句话，学历打磨是一个你用 20% 的投入，就能带来 80% 的收益的人生高效点所在，考上的那天你会发现一切都是值得的。

作为一个完整体验了从本科到博士阶段的人，我的体会是学历高并不等同于能力强，虽然二者之间可能存在一定的正相关关系。对我们来说，系统地接受高等教育的最大收获就在于：

（1）思维方式以及做事方法的训练。系统的学术训练会让人做事更严谨，讲究逻辑及事实，并且更尊重对世界多样性的理解。

（2）学会站在科学家的角度看世界。科学家致力于探索人类认知的边界，要处理的信息量极大，因此科学家的思考是信息高度压缩和抽象的，并且通常站在全人类的立场来思考问题，极其强调学术道德和责任感。当然，即使没有达到科学家的高度，我们也可以从优质教育中汲取学术成果。

接下来，我来谈谈如何培养我们的能力。

（1）拓宽我们的眼界，抛弃个人实用主义。

我见过很多人，他们喜欢以"这对我有什么用？"为标准来衡量一切。比如：我又不当科学家，不做程序员，会编程有什么用？我现在的工作又用不上英语，学英语有什么用？

但是，个人实用主义者看到的是具象的、物质的世界，他们的眼光具有局限性。就像古时候人们持有天圆地方的观念一样，人们眼里看到的世界就是这样的，天是圆的，地是方的，太阳围着地球转，而种地这种劳动只需要在这个层面上了解宇宙就够用了。所以，这样的眼光限制了人类发展。

那我们应怎样拓宽眼界呢？首先，我们要抛弃"万事实用主义"的意识，踏出开阔视野的第一步；其次，要多和不同圈层的人交流，尽早让自己树立全面认识世界的意识。

（2）打开思维，做事总多想一步。

之前在职场工作的时候，我曾经接触过很多实习生，他们中有不少名校毕业的学霸，也有许多"学渣"。从智力上讲，高学历的人和低学历的人之间并没有很明显的差别。他们的差别主要体现在做事情上，学历高的人做事更认真，也更靠谱。

很多学霸之所以是学霸，并不是因为他们的智商有多高，而是他们做事认真负责，总会打开思维。

在工作上，我还接触过一些大专生。有个很特别的地方是，相比于一般大学生，大专生反而踏实勤奋很多，或许他们看清了自己的局势，知道得更加努力才能赢过学历高的人。

所以学历重要吗？并不重要，重要的是高学历背后所隐藏的认真态度。做事总比别人多想一点，你就已经赢了。在做事情的时候，我们可以从优化流程，学会反思、总结，建立合作共赢的心态等方面让自己的思维能力变得更完善。

（3）保持好奇心，多问为什么。

如果你也喜欢多问为什么，那么这代表着你具备独立思考和深度思考的能力，也代表你更能探究到问题的本质。同时，喜欢问为什么，代表你会主动思考，对周围的环境和问题很敏感，也代表你是更容易发现问题、挖掘潜在机会的人。

每次感到疑惑的时候，我们就多问自己为什么，就能问出事情的本质，就能加速自己前进的步伐。

（4）培养主动学习的能力，主动挑战未知。

无论处于哪个时代，我们都需要培养主动学习的能力。当你掌握了这项能力，世界上所有的变动对于你来说都不算太大的问题。那么我们怎样培养这项能力呢？我们应主动了解最新的科技动态、商业模式以及政治、经济等问题，并且加入自己的思考。与时俱进，终身学习，学会解读这些信息将如何影响自己的生活，又带来哪些挑战与机遇，这会让你的路越走越宽。

总结

学历不是当今社会中唯一的成功标志和晋升阶梯，尽管职场中很多场合注重学历，但是它多数时候只是充当入场券的作用，甚至有时候学历资产只是一个可以让我们看到更大世界的工具。只要保持对这个世界源源不断的好奇心，保持终身学习的态度，无论你是普通人还是高学历的人，都有很多其他的上升路径。同时，学历不完全等于能力，学习和教育也是两个独立的概念。学历是教育系统运行的产物，而学习则是每个人维持更好生存的必备方式。在这一节中，我们主要学习了三个知识点，一是正确解读学历资产，二是如何做好学历资产规划，三是在不看学历的时候，如何培养能力。通过认识学历资产，可以让我们在人生道路上走得更加顺利。

思考题

尝试搜索一门你感兴趣的名校课程，并且说说你为什么感兴趣。

高效应试： 职称、技能考试，助你丰满羽翼

在人生的各个阶段，考试总是我们逃不过的一关。从学生时代的各种小考大考，到成年之后的各种职称考试、技能考试，一路走来，大家一定对备考过程的艰辛深有体会。

你身边有没有这样的人：大学四年专业基础不错的学霸，备考本专业的研究生入学考试，本以为十拿九稳，最后竟然惨淡收场？上学时明明成绩不错的哥们儿，为公务员考试日夜奋战了几个月，申论最后只考了30多分？要出国的同学，雅思已经连考了三次，成绩却始终与申请院校的语言要求相距甚远……

其实所有考试的失败，都是因为没有看清考试的本质，用错了努力的方法。

应试教育的本质

通过在教育界多年的观察，以及自己在考试中的亲身体验，我得到的结论是：考试是有规律的。

所有考试都有一个共同目的：筛选。无论是学历考试、出国英语还是各类从业证书考试等，面临的筛选对象的数量是极其庞大的。

单是高考，我们每年就要面对近 1 000 万人的筛选，更不用说中考、考研、考公务员等其他类型的考试。这也就意味着，筛选的工作量是极其庞大的，而我们能投入的教师资源和时间精力都极其有限。所以，在判断考生的学习能力以及对某些知识的掌握程度是否达标时，为了保证在尽可能公平的条件下更加高效地筛选，考试一般使用统一的标准。

那么怎么做到标准的统一呢？

一是考查内容的统一，大家都学一样的东西，比较起来相对公平。比如所有的考试都会有"考纲要求"或者"考试说明"，然后所有人都在这个范围内训练，最后谁把自己训练得更熟练，谁就是胜出者。

二是评判标准的统一，也就是说答案要尽可能唯一。这就表示，你必须遵从一定的答题套路。比如，英语考试中阅读常设的陷阱是"偷换概念、逻辑不符"等，数学考试也有明确的第一步求什么、第二步求什么的流程。标准化考试的试卷涉及的知识点十分有限，甚至每个题号会考哪一块的内容都是固定的，而且解答某一类型题都有非常固定的套路。

也就是说，考试更像是一项体育运动，拼的不是智商，而是肌肉反应——看到已知条件，立即反应出对应的标准流程，然后按照流程捋下来。因此，我们只要把要考的知识点以及解题的有限的几种标准套路熟练掌握，就能无限逼近满分。

无论什么时候，把知识学好、学透仍是最为重要的。但有时候，高效率地应试闯关可以助我们获得所需要的机会。

满分逼近模型：快速突破考试的方法

接下来我要介绍一个能帮助你更好地快速通关所有考试的"满分逼近模型"。

在做目标管理时，非常重要的一步就是分析目标和现状之间的落差，然后分解这个落差，一步一步去弥补它。我们可以把这个方法直接迁移到备考中。在针对考试复习时，我们唯一要做的就是找到自己现有的知识点与真题要求的知识点之间的落差，然后不断缩减弱项知识点的数量，不断逼近满分。对于某种题型，你如果做起来毫不费力，就不要再做了。所有力气都要花在刀刃上。

这个过程可以通过"发现弱项—拆解弱项—集中训练"的循环来逐步突破，直到涵盖考试要求的所有知识点，并且熟练掌握标准的解题套路，那时你就无往不胜了。

我把这个过程总结成一个模型："满分逼近模型"（见图4-3）。

我们的目标是让"现有能力"不断逼近以答到"满分"，所以我们可以直接用真题来训练。如果经答案检验我们已经掌握了

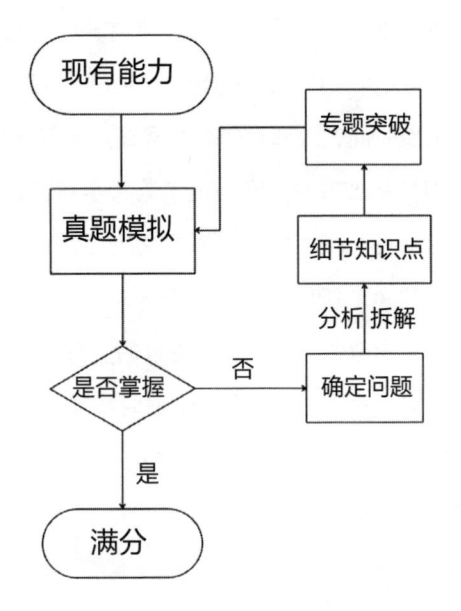

图 4-3 满分逼近模型

某知识点，那么这个知识点就可以过了；如果没掌握，就要继续"分析问题—拆解问题—专题突破—真题模拟"的循环，直到完全掌握这个知识点。下面我就给大家详细讲讲具体的操作。

第一步，先刷真题。想要了解一门考试的玩法和规则，最快的方式不是先看考试大纲和复习资料，而是先刷真题。真题能最直接、最简洁地展现考纲要求，让你对考试的内容、难度、题型、题量等有一个大概的了解。很多人在备考时会有一种误区：我一定要先把书从头到尾看一遍，把基础巩固好了再去刷真题。这种方法也许好用，但绝对不是最高效的。如果先看真题，也许一开始你不知道这些概念具体是什么，解题思路具体怎么走，但是带着这些问题，回过头再去看书，目的性非常明确，会避免在很多"超纲"知识点上浪费时间，效率自然会非常高。

第二步，对照标准答案。在完成了第一步后，我们要试着答一遍真题，然后对照标准答案找出不足之处。在这一步中，答案的标准性是重中之重。所以我们务必在可靠的渠道购买真题册，比如各大官方出的参考资料或是官方授权的资料。

第三步，建立"错题本"。我上学的时候最擅长建立错题本。对于平时做错的题，我都会用一个专门的本子收罗，抄一遍习题，写一遍解答过程，再标红一遍错误点和思路。如今，我们可以利用电脑插件或 App 建立错题本，积累的经验越丰富，以后的错误率就越低。

我们一定要学会用错题本分析错误原因。一般而言，错题原因主要可能有以下几种情况：

（1）步骤不规范。针对该问题，我们可以整理出一个标准解题步骤，记在笔记中的显眼位置，比如集中整理在最后几页或者卷首几页。

（2）误入陷阱。陷阱题是考试的常见套路，我们应集中整理出陷阱的类型，如偷换概念、缺少条件、前后因果不搭等。按类型把错题集中整理，有利于我们提高警惕。

（3）没记住的细节，比如时间点、特定说法等。针对此类记忆问题，我们可以把它们单独整理出来，考试前多过几遍，加强记忆。这里非常推荐使用电子卡片，如 AnkiDroid（有手机版、电脑版），也可以自己编辑卡片内容，在正面记上提示性问题，在背面写上答案。卡片会根据艾宾浩斯遗忘曲线定期提醒我们复习、背诵。

（4）不会做的题。一般的标准化考试，对基础知识的考查比例都会维持在 70% 左右，即使是所谓的"难题"，也只是把基础知识组合在一起的"综合题"。做不出来的原因只有两个：一是对涉及的某个知识点理解不透彻，二是应用不熟练。因此，面对综合考查，我们可能会找不出思路。

解决办法就是把一个难点拆解成一个个小问题，逐一巩固扎实。拆解到什么程度呢？直到你努力一下刚刚能解决为止。比如，对于一道综合性问题，我们把它拆解到对应的最小知识点。你如果常常在这个小问题上出错，那么就需要把这个知识点能考查的题目集中起来，专注训练并努力突破。遇到难以理解的，比如数学公式推导，怎么办？也是不断重复，隔几天就推导一遍。即使理解不了，通过练习也能加强记忆，至少这样在考试的时候我们不至于写不出来。

在这一步中，我们一定不要忽略队友的力量。我们可以和队友交换批改，突破思维定式，互相发现对方可能不曾注意的细节。

第四步，专题训练——"考前刷错题"。针对不会做的题，我们要分析到底是哪个知识点没理解清楚，然后回归知识点，再次学习、思考、理解，做集中的专题训练。

如果在专题训练过程中,我们还是不会做题,怎么办?这说明问题拆解得还不够细,我们可以回到第三步。最小的细节是对某个知识点的理解,如果你对知识点的理解不到位,自然谈不上会做题。我们需要找到教材中相关部分的讲解,亲自尝试推导过程以及做例题,因为例题通常是最简单的知识点运用。如果我们还是不能理解,那么一定要找同学、老师或学习交流群的队友问明白。

第五步,突破专题后,再回头做成套真题。这样做的目的,是检验是否真的突破了弱项。如果我们已经突破弱项,那么模拟的重点可以转到发现新的弱项上去,然后重复循环上述环节,直到一个一个搞定所有考纲要求的知识点。

不断执行这五个步骤,不断缩小自己的答案与真题标准的差距,就是一个无限接近满分的过程。

学会的怎么才能不再忘?

很多学生会和我抱怨:一些单词、公式平时看来很简单、很熟悉,但是在考场上,明明都到了嘴边,可就是想不起来具体的细节了。心理学上把这种现象称作"舌尖现象"。该现象产生的原因主要有两个:

一是自然遗忘。德国心理学家艾宾浩斯经过反复实践和潜心研究,绘制了著名的遗忘曲线。从记住一个知识点开始,遗忘就一直存在，只不过速度会越来越慢。无论记得多么熟练的东西，长时间不去回忆的话，考试的时候都有想不起来的可能。

二是场景的变换，造成记忆提取困难。前文也讲过，我们通常会把记忆的东西和当时的场景联系在一起，所以坐在熟悉的环境里，我们会更容易提取记忆。但是考试的时候，我们往往都在陌生的学校和教室里答题，一旦过于紧张，就很容易出现"舌尖现象"。

避免"舌尖现象"的方法，就是经常变换陌生的场景进行复习。比如，我们可以用印象笔记做题、记笔记，然后把重点内容导入 AnkiDroid 里的卡片，然后在等车、通勤等不同场景，随时随地拿出手机刷一刷题。再比如，我在复习的时候，会先下载好 PDF 格式的资料，然后将其导入印象笔记里，一边阅读，一边用"摘录"功能画出重点，或者在旁边做笔记。

利用这个功能，我们可以在网上搜到 PDF 版的真题资料，把它们导入印象笔记。画出重点记忆的部分或者记录常错的题目，然后把印象笔记生成的卡片导入 AnkiDroid，形成个性化的手机题库，我们可以随时随地拿出来刷一刷。

不过，人工智能技术在不断发展，也许不久的将来，我们会有更方便的生成个性化题库的软件出现。美国的教育专家曾经探讨过这个问题——人工智能的进一步发展会给教育带来怎样的改革？答案是，教育会变得更加个性化，对个人的终身学习会更加友好，而我们每个人都可以通过电脑、手机随时学习。就像现在的购物网页一样，学习软件的后台会收集你的所有数据，用算法分析你的思维模式、学习状态，然后推荐个性化的学习资料。

所有的学习资源都在全网共享，这会在很大程度上解决现在教育资源分配不均的问题。只要有一台联网的设备，不用有学区房也能享受到同样的教育资源。

我们所有的学习记录都会同步到云端，即使换了一台设备，我们也可以直接获得当下最适合的学习计划，真正实现终身学习。

但是，无论用怎样的方法准备考试，我都希望大家能用不一样的打法和心态全盘掌控，而不是只盯着眼前的分数。我们应该借助考试的契机，培养一些有助于个人长远发展的能力：

（1）系统化思维。要打破学科界限，高效复习，就像信息搜索那一节讲的那样，我们要用思维导图（比如Xmind）梳理知识点之间的关联性，织成一张大网，建立个人知识库。每学到新的东西，就想办法将其融入知识库中。

（2）全盘分析考试需要的能力。不要把目光锁定在试卷或者报告呈现的结果上，而要不断提高面试表达能力、公文写作能力等，针对不同能力为自己评分，着重训练弱项。

（3）更加平稳的心态，不以考试定终生的态度，以及"活到老，学到老"的成长性思维。

（4）更加昂扬的斗志。毕竟考试就是竞争，我们只有打起精神，管理好自己的精力和时间，才能打好仗。

总结

所谓考试准备，其实就是通过大量的重复训练得到熟练的肌肉记忆。我们可以用"满分逼近模型"来快速突破考试。具体要怎么做呢？就是这个流程：真题模拟—对照答案、找出差距—分析、拆解—专题训练、强化肌肉反应—真题模拟。最后，我们要学会借助一切可以利用的资源和科技产品，实现备考效果最大化。

思考题

把人工智能引入教育领域，可以更准确地分析每个人的特点，做到因材施教。除此之外，你认为这么做会解决当下教育领域的哪些问题呢？你有什么畅想或担忧呢？

第五章

高效的学习技能

习惯养成：微习惯，让身体和意识自动学习

在我备考雅思的时候，曾经听过这么一种说法：一般英语基础想考到 6 分，就需要学习 180 个小时；而想要考到 7 分，至少得学够 300 个小时。其实，想要学好任何东西，都需要保持一种长期稳定的钻研状态，借由量变产生质变，实现水平的飞跃。这项技能，叫作习惯。但是，习惯的养成对很多人来说都不是简单的事，"习惯养成失败"太常见了。每养成一个新习惯似乎总需要踌躇很久，不断地蓄力，最终可能还是以无法坚持而告终。

养成习惯的方法大概有两种。一是运用动力策略，当你的动力够足，习惯就能养成。但是在执行的过程中，我们很容易被干扰，比如手机提醒、外界声响；二是意志力策略，这种打法纯靠意志力坚持，但普通人很难做到一直坚持。如果我们每天都在书桌前学习五六个小时，那么可能坚持不了几天就累趴下了，所以意志力策略对我们来说是一种心智的损耗。

我们的大脑会极力维持一种最低成本的运作，不愿意迈出舒适圈，否则大脑会加速损耗。而我们在使用动力、调动意志力的

时候，或多或少都会让大脑感觉不舒服——大脑意识到这件事的存在会给它带来额外的工作量。有没有什么办法让大脑意识不到额外工作量的存在呢？

优秀的人养成习惯不靠爆发力和意志力，靠的是一种"自动化"能力：做一些比较机械又固定的事（比如到点就早起读书），自动地完成一系列动作，既流畅又自然，而且看上去毫不费力。这是一种麻痹大脑的行为——通过非常小的举动，让大脑察觉不到不适感的存在。这种行动就叫作微习惯。

微习惯是切分到一个个很小的动作的习惯，是一种非常微小的积极行为，小到几乎不可能失败。微习惯可以快速得到反馈，看到结果。刷牙、吃饭、做记录就是我们下意识执行的微习惯，都可以迅速得到反馈，比如"吃饱了""刷好牙了""记下了笔记"等。

微习惯几乎不会有阻力，因为它是一种自然而然的行为，不靠动力驱动。所以，我们只需要把行动变成"下意识"。累积多了，微习惯就会形成惯性，从而帮助我们完成许多看起来很棘手的大事。

我将从以下几个方面教你如何从 0 到 1 养成微习惯。

列出想养成的微习惯清单

美国商业培训大师罗杰·冯·欧克说过："一个得不到执行

的念头只会消亡。"养成一个微习惯的核心就是不断地执行。所以第一步，需要列出想养成的微习惯清单。这些清单上可以列出很多任务，因为微习惯消耗的意志力很少，不会耽误别的事情。比如，我上个月的计划是每天读10页论文，但后来我发现，大多情况下我都能够超额完成任务，还会有很多时间创作和休息。

大家可以参考一下我的半天微习惯清单：开车上班途中，播放课程或者最新的行业评论；中午午休前，做15分钟冥想；下班后，去健身房健身1小时；睡前读10页论文。

在列清单的时候，我们要注意下面几点：

（1）测试舒适区域。我们的大脑在本质上抗拒改变，尽量用最低成本运转，所以微习惯需要我们稍微超越一点大脑的舒适范围。这时候，我们可以测试一下自己的舒适区域。比如，习惯了边工作边玩手机，那么"工作期间不玩手机"就是不舒适的状态。所以我们可以这么写："工作期间，半个小时看一下手机。"

（2）一旦有抵触情绪，就缩小目标。如果我们觉得任务让自己不舒服，不想开工，这就是我们需要缩小目标的信号。微习惯的本质就是以最小的行为让整件事"自动地"完成，以至于我们不会有身心俱疲的感觉。因此，我们如果设定了一个大目标，就将其可以拆分成很多个微习惯。

比如，用两个小时写完一份活动策划就是一个挺大的目标，而我们可以在微习惯清单上写下：把材料放进同一个文件夹里，提炼材料1中的要求，提炼材料2中的要求，阅读领导提供的信息，在新文档中列出各级标题、任务目标、预估结果，填充策划内容。

这就是一份非常流畅的微习惯清单，每一项任务都足够小，足够让你不费什么力就能完成。如果你的效率高，那么你甚至不需要两个小时就能写完策划。

挖掘每个习惯的内部原因

列好微习惯清单后，我们就需要考虑为什么要实现它们。这一步是为了告诉自己，这些习惯并不会引起内心的抵触，值得我们执行，值得付出努力。一般我会刨根问底，把内心最真实、最功利的一面摆在眼前。只有这样，我才能从心底认可养成习惯是一件很严肃、很重要的事情。

比如，我每天早起吃一勺黑芝麻粉，这是为什么？因为我不希望脱发，而这又是为什么呢？因为我想保持一个良好的外部形象，这让自己在人际交往中显得更好看、更精神，而这会给我的工作带来更多的机遇。所以，坚持吃黑芝麻粉这个微习惯，会让我在外貌、人脉、工作等方面变得更积极美好。

再比如，你每晚7点都要看《新闻联播》，为什么？因为你希望抓住时事热点，积累国考申论的写作素材，而这又是为什么呢？因为你希望考上公务员，拥有一份更稳定的工作。所以，每晚看《新闻联播》这个微习惯会帮助你凭借实力得到一份稳定有保障的工作。

经常在心底暗示微习惯的重要性，我们就会觉得责任感爆棚，出于自己要为自己负责的心态，从而立刻执行。

建立"钩子"

如果微习惯和行动的原因都"挖掘"好了，那么下一步我们需要放一些"钩子"，把行动钩上来。可以理解为：只要这一步走好了，就没有什么习惯是养成不了的。"钩子"的建立要分下面几步：

（1）就近原则。我们可以把刚才列出来的微习惯按照空间顺序排列起来，首先做距离我们最近的事情。如果今天我们要完成"健身一小时、写策划案、弹琴一小时、看10页书"这些事情，而你现在恰好在桌前追剧，距离你最近的就是电脑，那么先从写策划案开始。

完成策划案之后，我们可以继续执行"弹琴一小时"或者"看10页书"这种近在手边又不需要出门便可完成的项目。最后只剩下健身一小时这一项，该项任务完成起来也会很快。遵循就近原则，会让我们的行动不那么困难，犹如信手拈来。

（2）把行为嵌入情境。我们可以把行为嵌入每个具体的情境中，这样每当进入某个地方、某个场景中，我们就能自然地联想到应该做什么事情。比方说，在通勤时执行"背10个单词"的任务；下班后，就直奔健身房"健身一小时"；回到家里，就立刻执行"洗澡"的任务。

这样做的好处是增强"自动化"的感觉，让行为处在一个运动的状态，从而显得更加自然流畅，不会轻易地被干扰、被打断。

建立奖励机制

奖励机制很好理解，每完成一个小习惯，就给自己一点奖励。一点点奖励就会让我们觉得行动的过程非常有意义，从而干劲十足。这是因为，奖励会刺激大脑中的多巴胺分泌，会让我们体验到快感，促进我们开始下一轮的行动。

具体的奖励设置，可以参考以下几个思路：

（1）以周为单位，每周专门拿出一天的时间出去玩、看电影、购物、给自己做饭吃。因为每一个微习惯都很小，所以集中奖励自己在每一个微习惯上付出的努力，会让自己的耐力更久一些。

（2）在执行完比较艰难的微习惯任务之后，集中奖励。养成微习惯也有难易之分，就像不喜欢吃药，但是为了早日康复，我们不得不按时吃药。喝完一碗中药后，我们可以吃几颗糖或吃块巧克力；那么完成一场很辛苦的考试或减肥初见成效之后，我们都可以适当地放松，给自己来点奖励。

降低期待值，服从计划安排

我们最好避免对一些习惯产生较高的期待，比如每天跑10

千米或者写 3 000 字的读书笔记。如果目标值过高,那么它将带来一个问题:目标会"暗中膨胀"。因为每完成一些任务后,大脑就会在潜意识里给自己设定一个新的期待值,这个期待包含着你的压力、负担。所以我们一定要提醒自己,严格遵守清单上每天的习惯任务。

我们要把期待值和精力放到对习惯的坚持上,不要对任务量抱有较高的期待。因为生活中最强的武器就是坚持,这是让行为自动化的唯一途径。

总结

我们要养成微习惯，让大脑"无痛"地完成任务。我们的大脑不希望我们踏出舒适区，所以我们要执行可以"自动化"的微小行为，让大脑几乎察觉不到费力。我们首先要通过测试舒适区域、制订小目标建立微习惯清单；其次，我们要去挖掘养成那些微习惯的原因，从心底认定这是严肃而重要的事情；再次，我们需要建立"钩子"，利用就近原则和把行为嵌入情境的方法推进微习惯的执行，再建立奖励机制；最后，我们要降低期待，坚持不懈地执行下去。

思考题

思考你明天想执行的微习惯，用测试舒适区域和制订小目标法，建立一个一日微习惯清单。记住：目标要足够小，执行起来足够容易。只要坚持一个星期，你一定会有完全不同的体验。

思维整理：做任何事，都能形成一套方法论

市面上有各种高效学习工具、思考工具供我们学习使用，但是，为什么我们的效率却仍然存在天差地别呢？因为，真正能够帮助你高效创造价值的不是熟悉多少学习工具，而是如何使用工具。只有会用工具的人，才谈得上构建高效的人生。

什么叫"会用"？拿拳击来说，尽管拳击手用的都是直拳、摆拳、勾拳，但是，为什么拳击高手就能轻易击倒别人，而其他人不能？简单来说，拳击高手非常清楚什么样的场景该出什么样的招儿，该在何处、何时出招，该从什么样的角度出招。

高效学习、工作亦是如此——你只有知道在处理什么样的问题时该用什么工具，该在何处寻找，何时、何地使用，才可能谈得上高效。这体现的其实就是一个人的思考水平。所以，效率高手，归根结底还是体现在思维效率上，而非工具上。我们如何把普通的学习、工作工具用出不一般的高效率来呢？

高效采集、整理信息

学习和工作,都离不开一件事,那就是吸收、整理知识信息。你的学习、工作够不够高效,从你采集、整理信息(如做笔记、收藏资料等)的方式便能略知一二。换句话说,就看你会不会利用互联网工具辅助自己采集、整理、保存信息。

在没有互联网的时代,我们多是通过一个纸质笔记本和一杆笔来获取信息。但是,在当今时代,有很多互联网工具能够帮助我们录入、保存和调取信息。如果我们不懂得利用,就会大大降低学习和工作效率。所以,对于任何需要重复劳动的工作,我的第一反应就是找软件替代人工。然后,我会去其他搜索引擎搜一搜,看有没有相关的App。因为一直有这样的意识和习惯,所以我总是能够惊喜地发现很多别人不知道的软件、工具。毫无疑问,这些软件、工具帮我在信息录入、存储等环节省了大把时间。

拿书摘来说,我曾经面临一个烦恼,就是在看书时很不情愿停下来慢慢抄书摘,总觉得这不仅浪费时间,还会打断我的阅读体验和思考节奏。于是,我就想会不会很多人也会跟我一样有这个烦恼呢?如果有,会不会有人就这项需求专门研发了App来帮助人们做书摘呢?一念闪过,我立刻就在手机中输入"书摘"两个字,很快便找到了很多专业做书摘的App。

这些App的功能都很强大。当想快速摘录或保存纸质书籍或其他媒介载体上的文字信息时，我们只需要打开书摘 App 的拍照扫描功能，它瞬间就可以把文字扫描转化出来。毫无疑问，这能大大节省手抄笔记的时间。

再举个例子：现在有了智能机，我们能够拍摄各种照片、小视频，日积月累，这些照片和小视频数量巨大。于是，很多人就会有一个苦恼：删完可惜；想留存纪念，选择性删吧，那么多信息，整理起来想着就头疼。此时，你如果具有互联网工具意识，就会想，有没有人为了解决这个痛点已经开发了相应的 App？于是你上网一搜索，果然有惊喜：GooglePhoto、天翼云盘的云相册、时光相册等，都是能帮助你清理、整理归类、备份手机图片信息的软件。

拿时光相册来说，只要你注册登录，开通相应的手机权限，它就能自动读取、备份你手机里所有的图片、视频信息。另外，它能够帮助你多维度智能分类，比如，按照时间、地点、人物、自拍、夜景、合影等自动归类照片。因此，你再也不用自己手动整理庞大的信息了。

所以，当你在获取、整理、储存信息等方面觉得麻烦、枯燥、浪费时间时，你要记得第一时间反问自己两个问题：第一，别人会遇到跟我一样的问题和烦恼吗？第二，如果有，那是不是有人已经开发了解决问题的软件、工具？然后，顺着这个思路去搜索，你会获得意外的惊喜。

总之，在信息采集、整理方面，我们要记住一句话：能够用软件、工具解决的，坚决不要手动解决。做到了这一点，我们才有可能为自己的大脑腾出更多的时间和空间思考更关键的问题。否则，我们的大量时间会被如何录入、整理这些琐碎的信息所占用，也就谈不上高效工作了。

高效思考

很多人都以为思维效率取决于思考方法，方法越高明，效率就越高。其实，这种观点很片面。方法只能起到一部分作用，而真正的高效思考的效果其实是由三大层面的因素合力促成的：时机、环境和策略。

时机

在昏昏欲睡的时候思考，显然不及你在清醒、兴奋的时候的思考效率。所以，高效思考是讲究时机的。什么是讲究时机呢？就是根据人一天的生理节律分配思考任务。思考强度大的工作，应该放在一天中头脑最清醒的时候，思考强度小的，应放在头脑混沌的时候。这样我们才能最大限度地发挥思考潜能，从而达到理想的高效思考状态。

上午是一天中头脑最清醒的时候。我曾经有过这样的经历：白天想不出解决方法的事情，在睡上一觉之后，第二天早晨就能轻而易举地解决了。这是因为有了头一天晚上的睡眠休整，不管是体力还是精神,都达到了最佳状态。所以,上午最合适做一些需要深度思考、高强度思考的工作,比如写文章、写报告等。因为上午的工作,大脑吸收了大量的信息,下午开始进入混沌状态,这个时候适合做一些不需要深思熟虑也能轻松完成的整理工作,比如修改文章、整理资料等。晚上大脑处于更加混沌的状态,不太适合输出东西,也不太适合思考。因此在这个时间段,我们可以做信息输入性的工作,比如听课、阅读、笔记等。

环境

你在一个阴暗、嘈杂、令人烦躁的环境中,显然是不可能静下心思考一些重要问题的。可见,环境对人的思考效率也至关重要,但是很多人都忽略了这一点。

在这里,我来分享几个自己常用的通过改善环境提高思考效率的小技巧。

(1)在散步时整理思绪。人在散步时,大脑会分泌化学物质使我们冷静下来,此时整理思绪相对容易。一般我在吃过午餐后,会稍微绕一下道再回到办公室。这个时候,我会思考上午没有解决的问题,一边散步,一边思考。在这个过程中,我并不需要思考得太深入,越放松,思路就会越多,也就能让整个问题变得更加清晰。

(2)用香精、干花等治愈系物品转换思考状态。香精、干花有不同的使用方法,它们大多使人心平气和,能让我们在思维混沌时转换思维模式,从而厘清思路。

(3)在办公室里放一些绿色植物,可以让整个人保持心情愉悦。

(4)使用黄色的笔盒和记事本,可以达到提高专注力的效果,因为明亮的颜色会让心情非常愉快。

(5)使用细线笔保持专注细心。人们的思维受工具的影响很大,其中最有代表性的就是笔,越细的笔写出来的字越小,你就会越细心;粗笔适合画大胆的图解,因为笔尖比较粗,书写起来比较流畅。

其实,我们自己很难控制大脑无意识的部分,而运动带来的身体刺激和通过改变环境产生的外在刺激却能做到。上述小技巧的作用就是让我们的精神放松下来,使大脑无意识的部分变得更加活跃,从而无形中提升思考效率。

策略

我们为什么不讲思考方法,而讲思考策略?因为方法只是一个死的工具,只有懂得灵活地使用策略,思考方法才会被用活,才能帮助我们真正解决问题。就像前文提到的,当面对一个问题标的时,我们要调用思考策略:有什么思考方法可用,在什么时候用,用在何处,怎样运用。这样,我们就能在解决问题的不同阶段灵活调取不同的思考方法,从而完美、高效解决问题。

否则,一旦碰到问题,我们虽然也能在一定程度上解决问题,但是总缺少了一点灵活性。

高效思考应用举例

一个问题从发现到解决,通常可分为几个阶段:解析问题—权衡决策—制订方案。在不同的阶段,我们所需要的思考路径、方法不同。要想高效地思考,需要了解不同阶段用什么方法思考最有效,只有这样,我们才能顺利、高效地解决问题。

解析问题

在解析问题阶段,最主要的任务就是看清问题的内在构成要素,深刻认知每一种要素对问题的影响力指数。这样有利于我们精准地发现主要矛盾,从而为制订出接地气的解决方案打下基础。

在这个阶段,一个重要原则就是把抽象的思绪视觉化,在毫无头绪的情况下,更要如此。也就是说,我们把自己能想到的东西用笔或者其他工具画出来。通过可视的形状将我们意识到的东西勾勒出来,我们的思维才会紧扣标的问题而转动起来。否则,我们就会陷入常见的思绪乱飞的状态,自然就谈不上高效了。

在这个阶段,我常用的将思绪视觉化的工具有两种。

一种是九宫格曼陀罗思考法。这种方法就是用英语中提到的六个常用疑问词(5w1h)——what(是什么)、why(为什么)、who(谁)、where(在哪)、when(何时)、how(怎么做)与

	what	
where	who	when
	why	

图 5-1 5w 九宫格

曼陀罗图搭配。具体操作就是把五个 w 摆在九宫格的十字位置（见图 5-1），因此横轴上是 where → who → when，是空间—人—时间的安排；纵轴是 what → who → why，是一种以问为核心的安排，即做什么，主体是谁，为什么这么做。

由于 how 本身就是一种询问过程，它融合在 5w 当中，所以不管思考哪一个 w，我们都可以把 how 加进来，因此 how 并不出现在曼陀罗图中。

这样一来，问题标的构成要素就以系统化、视觉化的形式呈现出来了，有利于我们全面、宏观、严密地进行思考。

这个方法适合用来思考一些比较宏观、难以理出头绪的问题。比如，关于人生目标，我们就可以通过这种方法，在每一个区域细化出一些关键性问题：who →自己最想呈现的角色、身份、样子是什么？ what →自己正在做什么？本该做什么？必须做什么？ why →自己真正想做的是什么？为什么？ where →要实现理想，必要的环境、资源、条件是什么？ when →行动的最佳时机、时间是什么？计划是什么？行动的先后顺序是什么？

	What 自己正在做什么？ 本该做什么？必须做什么？	
Where 要实现那种理想，必要的环境、资源、条件是什么？	Who 我最想要呈现的角色、身份、样子是什么？	When 行动的最佳时机、时间是什么？行动的先后顺序是什么？
	Why 自己真正想做的是什么？为什么？	

图 5-2 "人生目标"的曼陀罗图

然后，把它们分别放入曼陀罗图中（见图 5-2）。纵轴和横轴上不同区域的多个问题其实包含思考的连贯性，因此，我们可分别用不同背景色加以突出，从而提醒自己沿着一条线思考下去，思路会更清晰。中心位置的 who 区域，可单独用一种颜色加以区别，从而提醒自己所有的思考都要紧扣这个主体。这样，我们的思考就不会跑偏。

针对每一个区域的问题，我们可分别做深入的回答，最后，我们就会得到一张关于理想人生的地图。当然，每一块区域的回答又是多层级、多分枝的。这个时候，我们就可以用思维导图来配合，针对每一个层级进行更细化的思考整理。思维导图是由标有关键词的中心图和分枝构成的类似于树状的结构图，它以发散的图形和各分枝、各层级的关键词或图标表达思维过程和结果。

这种直观化的结构图，能一目了然地呈现各个问题要素之间的主次层级关系，可有效地帮助我们围绕一个点、一条思维线抽丝剥茧地深入思考下去。

权衡决策

权衡决策，即在界定问题的本质后平衡利弊，以找出最佳解决方案。这个环节，有两个分析方法很实用。

一个是SWOT分析法。这是职场中经常用到的一种分析方法，对于我们解决日常问题同样非常实用。其中，S（strengths）是优势，W（weaknesses）是劣势，O（opportunities）是机会，T（threats）是威胁（见图5-3）。

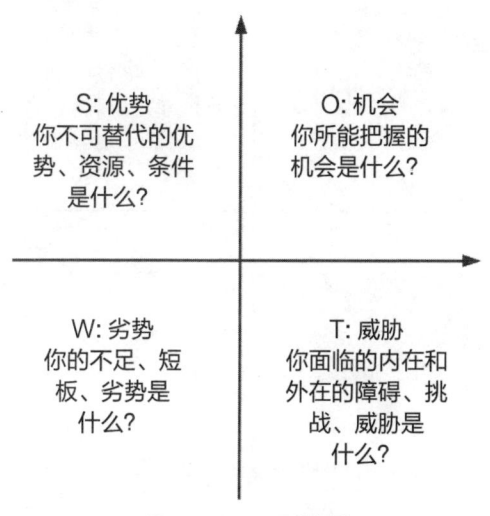

```
           S: 优势            │    O: 机会
           你不可替代的优      │    你所能把握的
           势、资源、条件      │    机会是什么？
           是什么？            │
        ───────────────────┼───────────────────▶
           W: 劣势            │    T: 威胁
           你的不足、短       │    你面临的内在和
           板、劣势是         │    外在的障碍、挑
           什么？             │    战、威胁是
                              │    什么？
```

图 5-3 SWOT 分析法

SWOT 分析法就是把自身内在的优势、劣势和外部的机会、威胁等分别列举出来，并依照矩阵形式排列，从而实现对问题标的进行内盘、外盘的全面、系统、准确的对比研究。这便于我们进行利弊的权衡，从而实现明智决策。

另一个是 TODO 列表分析法。当我们同时面临多个决策时，很多人会抓瞎，变得特别焦虑，或者会头昏脑涨。此时，我们就非常需要 TODO 列表分析法，即所谓的"四象限工作法"。TODO 列表分析法来源于著名管理学家史蒂芬·科维提出的时间管理理论。他把工作按照重要和紧急两个不同的维度进行划分。

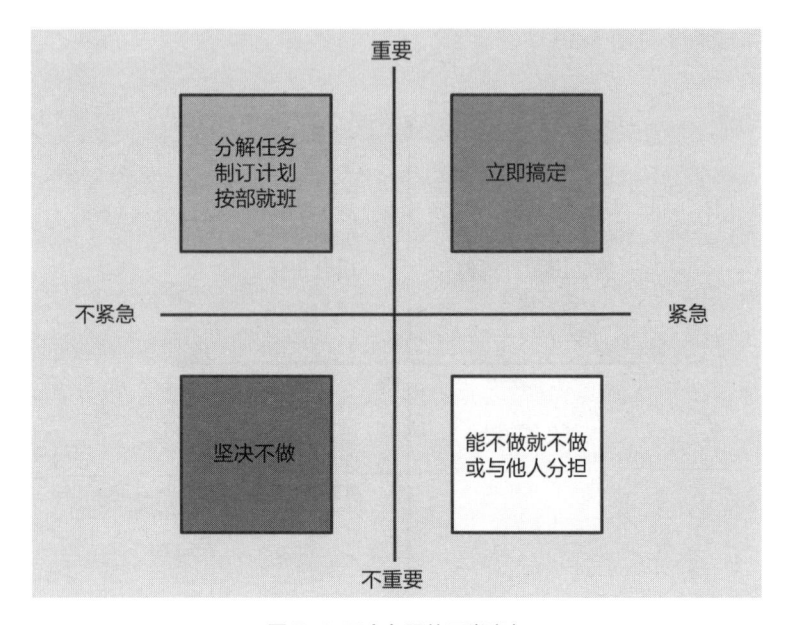

图 5-4 四个象限的四类事务

经过这两个维度的排列组合，工作任务就被分成了四个象限：紧急且重要、重要但不紧急、不重要但紧急、不紧急且不重要（见图 5-4）。

各象限事务的处理顺序为：紧急且重要的优先，接着是重要但不紧急的，再到不重要但紧急的，最后才是不紧急且不重要的。

同是遇到多件事情需要决策，不知道该从哪一件先下手时，我们就可以用 TODO 列表列对所面临的决策或者事件进行归类。归类完毕，我们需要马上执行的事项（紧急且重要）便一目了然了。

我有个习惯，早上一起来或者一上班就开始做工作清单，方便我用上午的时间集中处理一件事。

方案制订

在这个环节中，主要的思考任务就是如何让自己的方案实用、高效。我在这个阶段常用的思考方法就是 TOC 制约理论。

TOC 制约理论，指的是任何系统至少存在着一个制约因素或瓶颈，否则它就可能有无限的产出。因此，我们要提高一个系统（任何企业或组织均可视为一个系统）的产出，就必须打破系统的瓶颈。

TOC 制约理论用到思考问题上面，就是把一个问题从发现到解决的一系列过程想象成一连串的环，环与环紧密相扣。那么，这个问题能不能被解决，就取决于其最薄弱、瓶颈最明显的一环，而不是最强的一环。我们要想高效解决问题，在制订落地方案时，首先就要考虑到把精力集中起来对付最薄弱的环节，从而突破瓶颈。

那么具体方案的制订思路就可以这样进行：第一步，找出解决问题过程中的瓶颈；第二步，最大限度地利用好瓶颈本身；第三步，使其他行动计划都服从于第二步的决定，即"迁就"瓶颈；第四步，突破瓶颈；第五步，重返第一步，找出新的瓶颈，持续改善。

如此往复，我们每一次就会把资源、精力都用在刀刃上。此时，我们的学习、工作效率再不高，就没有道理了。

总结

思维其实是一个摄取、整理、整合信息的过程。面对纷繁复杂的信息和乱七八糟的任务，要迅速去粗取精，实现高效学习和工作，我们就要学会对信息、问题进行分割、归类、定位，然后针对每一种情况、场景，利用相应的工具协助自己，各个击破。这样，一方面我们的思维会明晰起来，畅通无阻；另一方面，我们的学习、工作才能达到真正高效的境地。

思考题

请尝试定期记录和反思最适合自己深度思考和学习的时机、环境和策略，并逐步养成习惯。

知识系统： 用这套工具，搭建牢固的知识体系

什么是知识体系？体系和碎片相对应，指有序而浓缩的有机集合。知识体系不是把所有信息罗列在一起，而是对信息进行过滤，提取关键的枝干，捋清其中的关联。我们也可以简单地理解为各种信息和经验的精华。

为什么要建立这样的一个知识体系呢？首先，也是最重要的一点，构建知识体系能够培养我们的全局观，让我们清楚地看到自己的位置，以及达到目标的路径；其次，知识体系能够帮助我们透过现象看本质，不为任何表象所误导；最后，有了知识体系，便有了迭代知识的基础，我们也就能够在动态中拥抱变化，提升自己。

我们可以看到，在迅速发展的信息时代，拥有知识体系是开启独立思考、迈向"创造力"的最重要一步。

知识体系的建立

知识体系的建立需要我们不断扩大输入，增加信息量。阅读、

听课都能达到建立知识体系的效果。但是为了避免出现"看过记不住，学了等于没学"的情况，我们需要借助工具以增强知识输入的结构性。怎么理解呢？我们要有一种"走上山顶看风景"的感觉，在看到某个单一信息点的时候，能联想出一大片的知识面，而不是满足于一个点的"灵光乍现"。也就是说，我们要从更高的思维层面来看待整个知识网络。

在看书的时候，我们往往会有这种感觉：每一段都有一个小主题，每一页都可以用一些关键词句来总结，每本书都可以用简洁的句子概括出主题。而当我们合上书，再看概括出来的这几句话时，我们在脑海中会自动补全书中相应的情节、语句。这是因为，我们基于全书搭建了一个完整的结构，顺着结构脉络再去回忆细节，便是一件水到渠成的事情。而阅读了某一领域的海量书籍后，我们便会对该领域构建出更加庞大、更加具有多面性的认知体系。

如果你还不太习惯直接在脑海中一边输入信息，一边梳理信息和搭建体系，那么我建议你使用一些知识管理工具，从而让整个知识体系更加清晰。

需要注意的一点是，任何信息都不能不经过处理和过滤就进入我们的大脑。关于过滤信息，我在阅读时采用的方法是结构式阅读，同时借助强大的凝练概括工具。

在香港大学准备毕业论文的时候，我对一个研究方向很感兴趣，但是对其又不是很熟悉，所以一直犹豫要不要做这个选题。我的导师建议我先去翻看通识资料，了解大概内容，再去学术搜索网站查找通识资料后面标注的参考文献，以及学术大咖的论文资料，然后顺着每篇论文后面重点引用的参考文献做深入阅读。这样层层阅读下来，我们都能对选题有深刻的认知。

其实，这是一个结构式阅读的过程。通识资料可以帮助我们搭建出这个领域比较完善的框架，但是不会对细节进行太多的描述，从而避免刚上手的人在过于细节的信息中迷失。之后，层层深入，不断向体系中填充细节，我们的认知就会完善起来。

这样的阅读模式已经让我们做到了"大量的输入"。同时为了避免混乱，我们还要借助一些工具（如印象笔记）来梳理、管理知识。

印象笔记的分页功能非常强大，你在左栏阅读，把重要信息标记出来，右栏会自动把你的标记进行整合。此外，印象笔记还有以下功能。

（1）笔记功能。印象笔记将笔记本作为课题的最小单位，可以集合多个来源（书籍、文档、网页等）的信息，并且作为新图层附着在来源的表面。这相当于我们把很多张便利贴贴在书上——书上是没有痕迹的，便利贴集合起来就是我们的笔记本。因此，一个来源可以产生多个笔记本，一个笔记本也可以关联很多本书。当笔记本作为最小单位出现时，我们可以在一个笔记本内进行搜索，就像在一个便利贴集合的盒子里找几张特定的便利贴一样。

在学习模式的界面中，笔记本可以和文本同屏出现，我们也可以关闭笔记本，只专注于文本。这样一来，我们既可以完全沉浸在文本阅读中，也可以看到每一条剪贴下来的摘抄如何与之前的知识结构联系起来，还可以在阅读结束后专注于知识体系的建立和整理。

（2）批注和摘录功能。虽然批注和摘录功能看起来是个基础功能，很多PDF阅读软件都能做到，但是印象笔记还是把该功能做到了极致。选中一段文字做摘录时，印象笔记会自动地在笔记本中生成摘录卡片；而我们做的批注会和PDF上的文字一起显示，在打印PDF时，也会打印出批注的文字。

摘录还有一个非常好用的功能，就是"画重点"，它能够辅助背诵。可以把课文的重点内容用摘录功能选中，选择"回忆模式"涂抹掉选中的摘录内容，便于根据上下文做填空题。接着，印象笔记就可以自动地在笔记本中生成摘录卡片（支持键入、手写、语音和插入图片）。每张卡片都可以改变背景颜色或添加标签，以两种维度进行分类，方便筛选和搜索，而且支持4个常用的背景颜色，便于快速标记片段。

（3）思维导图功能。印象笔记还有一个大家喜闻乐道的功能：将卡片生成思维导图。新版还加入了一个非常实用的功能：根据文章结构自动将摘录的内容放入脑图中。在"学习模式"和"文档模式"下，打开摘录设置，你可以看到"自动添加到脑图"这个选项。开启后，当你添加新的摘录时，印象笔记会自动帮你将卡片放到脑图的相应章节里。比如你在A书的第一章的第二节摘录了一段文字，那么这个卡片就会进入到脑图的"A 书 — 第一章 — 第二节"中。这对于阅读文献和专业书籍非常有帮助,能够大大节省你做脑图的时间。

只有经历了建立思维导图这个过程,把每一个知识点嚼碎捋顺,再以自己的语言重新表达(把知识点重新摆放和连接),知识才会真正内化为我们认知的一部分,内化完成才意味着我们可以随时从自己的脑子里把学到的东西拿出来使用,而不是将知识禁锢于某本书的实体。

上述工具能够很好地改变原有的目录结构,把知识转化为属于我们自己的东西,不仅能清晰地实现知识关系的可视化,还能帮助我们梳理文本要点,建立完整的知识结构。

构建知识体系的辅助:巧借资讯进行更新迭代

在信息时代,信息的更新速度尤其快,而很多书籍、文章的内容都具有一定的滞后性。那么,我们可以通过哪些信息来源保证时刻接收前沿的内容,从而及时更新资料库呢?

靠谱的资讯平台能够保证最新的信息迭代。《人民日报》、新华社等权威资讯平台都有专业的团队在调查事实并进行报道,我们从中获取的都是第一手资料,更加具有即时性、前沿性。

什么样的资讯才可读?

一是专业媒体的时事报道。《人民日报》、新华社、《中国日报》

这种较为权威的专业媒体，是我们搜集事实资讯的不二之选。一些不良自媒体有时会为了吸引流量而夸大事实，或对一手信息进行虚假的二次加工。所以，权威媒体发布的事实，强过很多自媒体、微博、微信公众号每天的推送。

二是优秀自媒体的观点评论。权威的媒体一般会强调事实，淡化观点。而比较优秀的自媒体，就能基于事实精准地输出观点，也会有比较完整的逻辑体系。此外，自媒体基于事实的拓展延伸，也会成为背景知识的构成部分。怎么挑选符合条件的自媒体？我们可以花时间追踪一些自媒体的文章，看它们的观点是否客观、理性，从而挑选自己重点阅读的订阅号。我比较推荐的是芥末堆看教育、虎嗅App、36氪等。

如何阅读资讯？

第一步，我们需要抛弃"漫无目的地刷手机"的阅读习惯。在阅读之前，我们要确定需要解决的是什么问题，带着问题做"寻找式"阅读。

第二步，也是最重要的，即"扫标题式"阅读。权威媒体对标题的凝练往往非常精准，基本上扫一眼标题就能了解这条资讯大概讲了什么，所以对于很多资讯我们可以"浅尝辄止"。

第三步，我们要对信息进行归纳和输出。通过广泛的"扫标题式"阅读，能筛选出感兴趣的优质文章，进行精读。见识的多了，我们一眼就能鉴别出哪些是"标题党"文章。

第四步，"挑内容式"阅读。采用该阅读法时，我们对不感兴趣的内容可一带而过，将有用的资讯归档、标红，重点阅读。接下来就是每周花时间阅读这些标红文章。

第五步，周末的时候，精心品读一些深度好文。我一般每周末精读 10 篇好文。遇到有用的内容，我会将其归档到印象笔记或 OneNote 中。

分享我的一个阅读心得：每天早、中、晚三次阅读资讯，每次 10 分钟左右。利用碎片化时间扫读关键词，能让我们快速熟悉某个领域，建立该领域的专业词库。这样，我们就能为知识的结构化连接和知识体系搭建做好充分的准备。

总结

建立知识体系有两大步骤：一是运用工具管理知识，扩大输入；二是通过阅读资讯的方法加强知识体系的更新和迭代。

一定要注意，无论何时，心中都要怀揣问题，这才是我们解决问题、构建知识体系的核心驱动。我希望大家树立一个终极目标——一切从解决问题出发，把知识变成自己的能力并拓宽知识面，增强知识的结构性连接，为自己的行动赋能，最终让自己成为真正解决问题的高手。

思考题

找一个你想研究或想解决的问题，进行为期一周的资讯阅读；用我教给你的资讯阅读训练法，周末的时候总结归纳，整理出关于这个问题的关键词体系。记得使用你最得心应手的辅助工具。

第六章

高效的职业规划

求职策略： 刚毕业，没经验，教你如何找到好工作

很多学生在每年的 11—12 月会陆续收到秋招的录取通知，来年 1 月就要去公司实习。那些在 12 月未收到公司录取通知的人，就要继续准备参加来年 2—3 月的春招。想找到符合自己要求的招聘信息，"看准网"是个不错的选择。这个网站包含多个公司的整体评分、员工点评、平均薪资等，主要从求职者的角度来评价公司，给公司打分，可以帮助大多数学生了解整个就业市场的行情。

收到公司面试通知之后，我们又该如何进一步了解公司状况呢？在接到公司面试邀请时，我们该做哪些准备呢？我们可以通过公司的官网或者官方公众号确认信息，跟踪动态，用心准备简历和面试的问题。这一步的逻辑是，对于正规的大公司来说，它们的招聘信息一定会通过官方渠道发布。

如果一些大型企业到你的学校办招聘会，并且你通过了第一轮面试，那你该如何在第二轮面试之前增加被录用的概率呢？我

们可以通过人脉搜索的方式，在知乎、领英等平台结交目标公司的人，甚至可以约他们出来喝咖啡。一旦确定方向，你便要以最高的效率找到你需要的人。

还有很多人会觉得自己不够出色，但不够出色的人是不是就注定找不到好工作呢？我们如何通过搜索来包装自己的简历呢？我通常给别人的建议是：搜索招聘网站，如前程无忧、看准网，然后收集自己喜欢的岗位信息并包装自己的简历。

包装简历具体需要怎么做呢？

第一步，简历要主次分明，最重要的是人生经历，其次是个人兴趣爱好。

第二步，扬长避短，少写对自己不利的信息，多写有利的。

第三步，根据岗位描述，提炼自己大学四年的经历中与之匹配的内容。

如果没有职业方向，不知道自己喜欢什么工作，感觉没有适合自己的工作，那么我们该怎么办？遇到这个问题的时候，我一般会给出以下两个意见：第一，可以找找 500 强榜单中的公司，然后根据调查确定哪一家公司的工作环境和氛围是你非常喜欢的，然后明确进这家公司需要哪些条件，给自己确定一个进步路线；第二，善于用求职工具，如多跑跑线下招聘会，多逛逛招聘网站，或者在找实习的时候联系熟人做内部推荐。

找工作的时候，我们最关心的就是面试问题。我们首先要清楚的是面试要谈什么，然后才能知道要怎么谈。对于公司来说，它们想在面试的有限时间里获得最有效的信息，招聘最合适的人，所以它们关心的是求职者的品性和能力如何，是否适合这个岗位。而对于求职者来说，无非是想获得更好的发展空间，实现自己的价值，以及获得比较丰厚的回报。

在弄清楚了这两点之后，我们就明白了，面试本质上就是人与人之间的交流，目的是解决双方的信息不对称。所以，求职者在面试时要传达信息。

（1）向公司展现你的能力，以及你能创造什么价值。

最直接的展现方式是分享一个完整的项目经历，让对方更好地了解你的工作经历，从而判断你是否有能力或潜质胜任这个岗位。如果你的表达条理清晰，三言两语就能讲清楚你的优势和特长，那么你通常都会得到面试官的青睐，因为这能侧面反映出你在工作上是个逻辑清楚、很有条理的人。

在对外展现个人能力时，可以运用STAR法则，以便在面试中思路清晰，应对自如。STAR法则是指情境（situation）、目标（target）、行动（action）、结果（result），是一种常常运用在面试中的有效手段。

举个例子，小王之前的工作是采购，他是这样介绍自己的：

> 我参与过一个采购项目，当时我们公司要拓展新的业务方向，需要联系一些新的原料供应商。公司希望的是尽可能节约成本，并且保证产品的质量。所以我通过网上调研、线下走访的方式，联系了20多个厂家，做

了技术评审和商务谈判，最后确定了优秀的供应商，成功地把成本控制在了目标范围以内。

短短几句话，就条理清晰地展现了小王的工作成果，传递了他的价值。对方马上能从这段经历中了解到小王是否有能力、有经验做好这份工作。

（2）清楚表达诉求，确认自己的预期能不能被满足。一般来说，我们求职的关注点有两个。第一个是自己的价值能不能发挥出来，公司的环境自己喜不喜欢。对于这一点，我们可以事先浏览公司网站，主要了解公司业务的发展历程、产品愿景、团队架构风格、技术氛围等。此外，我们还可以通过联系公司内部的人脉，了解公司内部的环境，确认这个岗位是不是真的适合自己。

第二个关注点就是薪酬能不能满足自己的要求。决定薪资的因素有很多。

■ 地域行情。就同样的岗位来说，上海的工资会比广州的工资要高。

■ 薪酬制度。比如说，公司规定了基层员工的工资为6 000~8 000元，如果你一开始只能从基层职位做起，那么你的工资预期超出标准太高就是不合理的。但是你可以问清楚多长时间可以升职，升职的标准是什么，以及其他职级的工资水平怎么样，从而做出综合考量。

■ 个人的市场价值。在市场上，和你同等能力的人能拿到多高的薪资呢？你可以通过以下两种方法来确认一下：阅读你所在行业龙头企业的招聘公告，重点关注不同岗位的工作内容及对应薪资；与猎头行业的人交流，他们可以直接接触到就业市场，并掌握很多行业信息。

■ 个人价值与公司需求的匹配度。这是最重要的一个因素，匹配度越高，你越能拿到想要的薪水。也就是说，根据对方提出的岗位要求，你要多介绍自己相关的工作经验。此时，你就需要用到第一个诉求中的方法，即充分向对方展现你的价值，争取更高的薪资。

在谈薪资的时候，你可以在能接受的最低标准之上适当加一点点，留出一定的谈判空间。但一定要注意，不要因为不好意思而在薪资问题上将就。千万不要因为在面试的时候和面试官谈得很愉快，就碍于面子接受了不符合预期的薪酬。无论是对你个人还是对公司而言，这都埋下了隐患。你可以向对方委婉地提出异议，比如，你可以告诉对方，你非常喜欢公司的工作氛围和模式，也很想加入公司，但又不得不考虑一些生活成本，等等。

如果你想成为值得公司信赖、值得公司重点培养的人，那么你一定要拥有清晰的自我认知。所谓的可靠，是建立在清晰的自我认知的基础上。一个人只有真正地了解自己的特质，了解自己的目标，拥有清晰的价值观和定位，才能真正做到可靠，从而打造出优质的信誉。

如何做到拥有清晰的自我认知？你可以参考下面这个人形模型（见图6-1）进行自我分析，同时进行自我定位和成长规划。

图 6-1 自我认知的人形模型

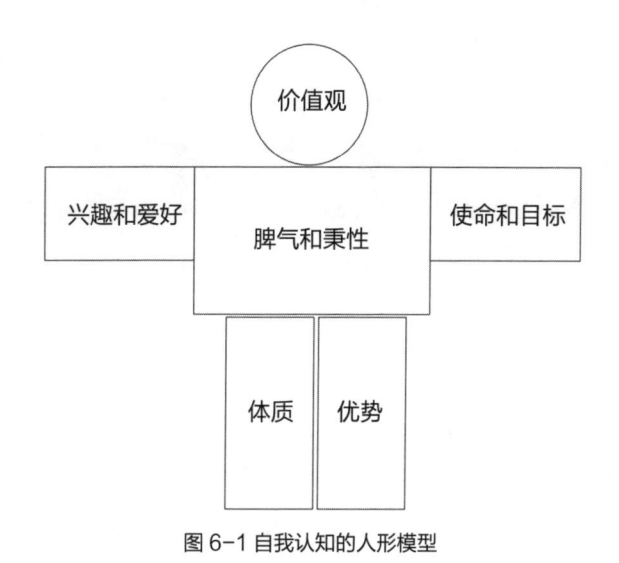

（1）头和右手——价值观、使命和目标

在自我认知模型里，放在首位的便是价值观。判断一个人是否值得信赖，考验的核心就是价值观。这是传承给你的，而你又希望能够传承给下一代人的做人理念，是你做事情的原则。

对于有生命力的企业来说，价值观是其品牌的核心，它决定了企业以什么样的方式为这个世界创造价值。而对于个人品牌和信誉的打磨，你需要思考的是：第一，你的价值追求是什么？第二，你想成为什么样的人？第三，你希望通过做什么样的事情获得认可？第四，你所期待的更美好的世界是什么样的？第五，你又能做些什么让这个世界更美好？

把这些问题写下来，你会渐渐地找到自己为人处事的准则，形成自己的人品，树立自己的作风。而这些会渐渐成为你的标签，成为他人对你做出判断的基础。

（2）左手——兴趣和爱好

很少有人能够把爱好与职业联系起来。但是，在我的成长过程中，让我受益匪浅的便是爱好，因为它能长时间让我集中注意力。

比如，我在生活和工作中喜欢捣鼓各种产品，喜欢创新，所以后来开发教育产品、做课程就能得心应手。而我的一位朋友是社交型人才，性格外向，人际圈子广，喜欢满世界跑，组织各种活动，做得风生水起。所以，要根据自己的喜好，找到能让你体验到价值感的事情。以爱好为切入点，我们在工作时就不会那么累。

（3）身体主干——脾气和秉性

脾气和秉性往往构成了一个人鲜明的性格特征，同样的事情由不同性格的人来做，是完全不同的效果。不要试图扭转自己的性格，而是把你的性格特点变成个人品牌信誉的一部分。如果你性格直爽，那就让大家知道你的直爽。如果你严谨细致，甚至有点龟毛，那就让大家知道你非常严谨。展现这些特征，会让你成为一个更值得信赖的人。

（4）两条腿——体质和优势

身体是革命的本钱，你应该了解自己的身体状况，找好工作和生活的平衡点。平时在工作中，我是一个早起型的人，一般会选择上午 6:00~11:00 处理需要深度思考的工作，而对于加班熬夜这种事情，我一旦尝试便深感身体支撑不住。所以，我也会把这种作息习惯当作个人特点，传递给和我工作的朋友。

你可以参照以上模型做拆解，从而让你更加了解自己，找到自己为人处事的模式，提炼出个人特征。

另外，在将专业的事情做到极致时，你就会形成自己的标签。

一直以来，无论是做课程还是做科研，我都会给自己设立"要成为业内领军者"的目标。所以在工作的时候，我设定的行为标准通常会高于别人对我的期望值。

我们在平时做事情的过程中就要时刻加强对专业度、精密度和耐心度的打磨，因为事情成功与否在不同程度上会影响你的信誉度。无论何时何地，只要我们督促自己全心全意地做一件事情，或者做到别人做不到的事情，都会极大地提升我们的自信。

如何打磨呢？我的做法是"寻找稍微超越自己能力范围的目标，持续练习"。只有这样，我们的能力才能不断提升。比如，相比于搭建大纲写文章，我更喜欢做项目策划、流程优化。我会把自己擅长的事情做到极致，然后不断地重复，让这种特征成为个人信誉的一部分，从而在无形中传递出我自己的价值。可即便如此，我还是会找些机会在自己没那么擅长和喜欢的领域进行锻炼。这样，不仅能将自己的优势不断强化，也能同步持续练习，提升自己的短板，让自己各个维度的能力都不断得到提升。

再有，主动给自己贴标签能够吸引三度人脉以外的朋友圈资源。

主动为自己的特点贴上标签。贴标签是一种行之有效的提升可信度的方法。无论是产品，还是人，都可以通过贴标签让人迅速了解。标签能够给我们带来一种正向力量，帮助我们在人生和事业的道路上不断向前。

同时，我们也要聪明地学会给自己贴标签去吸引别人，比如在工作上自己是个特别擅长做PPT的人，那么我们可以在自己的自我介绍中添加"PPT小能手"这样的标签。你也可以给自己添加"搜索高手""效率达人""问题解决者"等标签，让别人看到标签的时候，就不由自主地被你吸引。

总结

在这一节中，我们了解了以下情况：如何准备春招、秋招，收到面试通知后如何进一步了解公司状况，如何准备面试以增加被录取的概率，如何包装自己的简历，如何找到职业方向，如何在面试时谈薪资，以及入职后如何让自己成为公司愿意长期培养且重用的人。建立好个人信誉之后，我们需要稳定地维护我们的信誉货币，而维护信誉是一项长期任务。

思考题

如果你刚好在找工作，请你按照我介绍的方法优化个人简历。如果你有一份工作，但不符合你心中的期待，请参考人形模型进行自我分析，做出定位以及成长规划。

无忧跳槽：不愁工作，让猎头主动送上门

我身边有许多朋友，工作多年遇到了职业瓶颈，想要换工作又不知道怎么换。

跳槽的本质是基于更好地了解职场规则，做好职场发展规划。比如，招聘行业中有一条默认的规则——优秀的高端人才在跳槽时是不会主动投递简历的。

如果你能够快人一步找准更有潜力的职业技能轨道，那么你甚至可以做到在投出第一份简历的时候，就确定你的第二份工作，而且一定是猎头主动送上门的。

能力壁垒：高效跳槽的核心优势

什么样的人能让猎头主动把工作送上门呢？

我很赞同巴菲特的一句话："我们喜欢拥有这样的城堡——它有很宽的护城河，河里游满了鲨鱼和鳄鱼，足以抵挡外来的闯

入者。"

这句话比喻公司的发展。那么一家企业要怎么做才能在激烈的竞争中保持长期的优势地位呢？它需要有一条其他企业无法逾越的"护城河"，也就是"独一无二的优势"。这种优势可以是独自享有的核心技术，也可以是难以复制的商业模式。而对于个人来说，能在职场中占据优势的"护城河"就是"人无我有"的能力。这种能力是你跳槽时最大的筹码。

聪明的职场规划者都有一个共同的特点，即他们往往很早就认清了自己的优势，做好了职业规划——一踏入职场，把每一份工作任务都当成一个历练自己的机会，围绕着职业规划提高、拓展相关能力，建立职业壁垒。而一旦完成了自己的壁垒修建，打磨出突出的优势，他们就会成为猎头主动"猎捕"的对象，从而早早地告别通过海投简历找工作的方式。

那么我们如何找到目标并且快速规划好路线呢？在这里，我要给大家介绍一个前文提到的分析工具——SWOT分析法，这是我之前在做项目决策时经常用到的一个分析模型。

SWOT分析法可以辅助我们分析自己的内部优势和劣势，发现外部的机会和风险。考虑好这些再去做项目规划，我们就能在市场中创造长远的、可持续的利益。现在，我们把这个框架迁移到分析个人发展上——它可以帮助我们最大限度地利用才能和机会去规划职业生涯。

怎么用SWOT分析法呢？一般来说，我会先简单画一张图表

优势	劣势
你擅长什么? 你能利用哪些独特的资源? 别人认为你的优点是什么?	你能改进什么? 你的什么资源或能力比其他人少? 别人认为你的缺点是什么?
机会	威胁
你有什么机会? 你能利用什么趋势? 你如何将你的优势转化为机会?	你面临哪些威胁? 你的竞争对手在做什么? 你的弱点让你暴露在什么样的威胁之下?

图 6-2 个人 SWOT 分析

（见图 6-2）。然后，我会对照着这些问题，向内分析自己有哪些优势可以发挥价值，又有哪些劣势需要避免或者改正。你可以试着问自己以下问题，以此找到答案。

首先，你有哪些优势：

（1）你有其他人没有的优势吗，例如技能、认证证书、教育背景或者人脉关系?

（2）你有哪些事做得比别人快、比别人好?

（3）迄今为止，你做过最成功的一件事是什么?

然后，再考虑一下你有哪些劣势，需要克服和避免：

（1）做哪些任务时你会感到不自信，甚至想要逃避?

（2）你对自己的教育背景和现有的能力、技能满意吗？如果不满意，那么你预计怎么解决？

（3）你有没有一些不良的工作习惯需要改进?

（4）对于缺点，你能不能改正，或者直接在职业规划中规避掉？

如果你觉得通过自我反思对自己的认识还不够全面的话，那么你也可以咨询身边的人，尤其是共事过的同事、了解你的朋友，看看他们怎么评价你。往往身边的人更容易看清你的闪光点或弱点，而你自己可能意识不到。

在做职业规划的时候，非常重要的一点是自己的优势或者兴趣是否与职位要求相匹配，以及该行业是否有很好的发展前景。所以，我们仅仅向内分析自己是不够的，还要向外分析潜在的机会或威胁，即详细了解职位的核心功能，以及判断行业的发展趋势。

在我的职业发展过程中，最重要的一个转折点便是选择做线上教育项目。当时的线上教育项目是一个其他人都没有做过的新业务，很多人对此持观望态度，我知道这个项目不一定能够成功，但是随着互联网时代的来临，线上业务是必然的发展趋势。

那么在我们做选择的时候，类似信息的判断是怎么来的呢？凭感觉？碰运气？都不是。你要相信，世界上总有人比你更聪明、更有经验、眼光更好，你需要做的就是找到这些聪明人的想法，理解这些想法，然后跟着走就行了。

怎么获取这些聪明人的想法呢？有一个最快捷的途径——阅读顶级咨询公司发布的行业发展报告。比如，麦肯锡季刊的宏观研究报告、《经济学人》的行业分析报告。从这个行业中搜索出最近三年与你有关的行业相关文章，花一个周末读完，你就能对整个行业的脉搏有基本的了解。接下来，把所有问题的答案都列出来，从头到尾再看一遍，你就会对职业方向的选择有更清晰的认识。最后，你要做的就是权衡其中的利弊，选择你认为最合适的职业作为你的发展方向。另外，在工作中，你要把每次执行任务都当成锻炼自己的机会。你要围绕自己的优势拓展核心能力，从而打造自己的职业壁垒。

我曾接手一个咨询案例：一个女孩起初在一家中学教语文，后来对自己的工作状态不太满意，想考虑转行，于是找我出谋划策。

我发现她是个很擅长和人打交道的人，在大学时就经常组织一些大型活动，在写策划案和安排人员事务方面得心应手。于是我建议她考虑策划运营等方向的工作。正好当时社群运营非常火，所以她打算先把自己的沟通能力和策划能力发展到线上试试。于是在工作之余，她开始有意识地加入很多社群，主动协助社群管理者做一些运营活动，慢慢地积累了不少经验，也有越来越多的社群主办方愿意把策划和运营工作交给她。于是她趁着这个机会，辞了老师的工作全职做运营，现在收入也涨了不少。

关系联结：链接跳槽机会

社会学家马克·格拉诺维特在做就业经历调研时发现，只有

18.8%的人是利用常规渠道找到工作的,比如通过招聘广告、猎头公司;而大约有20%的人是自己直接申请求职的;还有56%的人是通过个人关系找到工作的。

企业在招聘时有一条默认的规则:优秀的高端人才,在跳槽时是不会主动投递简历的。也就是说,公司实在找不到合适的人选,才会在招聘网站上发布招聘信息。所以在你投简历之前,大量的好工作已经通过内部提拔和内部推荐被拿走了。

所以说,找到好工作的有效方法之一是通过人脉推荐。而其中,最有效果的人脉关系不是"强关系",而是"弱关系"。什么是弱关系呢?说白了就是泛泛之交——双方平时基本不怎么联系,一年见不了几次面,彼此也没有深厚的感情联系。与之相反的就是"强关系",如父母、亲戚、闺中密友等经常联系、感情深厚的人脉关系。

脉脉的创始人林凡2014年遭遇财务危机,当时连工资都几乎发不出来了。后来在关键时刻拉了他一把的,恰恰是通过脉脉联系上的牛奎光,他一出手便给脉脉注资2 000万元,解了林凡的燃眉之急。

为什么在工作机遇上给你更大助力的会是那些泛泛之交,而不是那些交情过硬的人脉呢? 有一句老话"人以群分",意思是相似的人更容易聚在一起形成强关系。在强关系中,你们的朋友圈的重叠性会很大,你们想法的相似性也很高,交流起来只能获得很少的新信息。换句话说,你解决不了的问题,在你的圈子里也基本不会有人能解决。而弱关系中的两个人，通常属于不同的朋友圈子，所以更能跨越社会结构和阶层，从而获得更多的信息和资源，也就会创造出更多社会流动的机会。

所以说，在你的人脉网络中，弱关系的联结越多，你能得到好工作的机会也就越多。

那么我们要怎么做，才能建立更多弱关系呢？方法就是利用好"接触点"。什么是接触点呢？这是一个产品设计概念，意思是用户能接触到产品并体验到产品的机会。

对于找工作来说，你有很多场合可以接触到另一个圈子的人，这些场合都是接触点。无论是在工作场景、社交场景还是网络场景中，你必须抓住这些机会，把握好每一个接触点，扩大个人的影响力，为将来的职业发展铺路。具体怎么做呢？

（1）工作渠道：在参与一些跨企业的项目合作时，和对方企业的人员沟通时要表现得大方得体，在项目上展现自己的能力，给合作伙伴留下好印象。

（2）社交渠道：很多猎头会在线下权威的行业论坛上搜罗人才，所以你可以经常参加业内的论坛、峰会，从而增加与猎头接触的机会；另外，你要尽量和其他同行混个脸熟，在跳槽的时候，他们都有可能成为引荐你的帮手。

（3）网络渠道：网络应该是最方便的渠道了，你在网络上能获得更大流量的曝光。

利用接触点寻找工作机会主要有两种方法。第一种方法是多在论坛上发表对专业领域的见解，分享自己的项目经验，形成个人的品牌效应，扩大影响力。现在这个方法已经拓展到各行各业了。比如在知乎上，各个领域的人都在发表专业的见解。一些认可度高的意见领袖如果跳槽的话，那么他们将很容易找到好的出路。对于写代码的程序员来说，GitHub 就是非常好的社区，很多企业都直接在上面招人。

第二种方法是在招聘平台上定期更新自己的简历：一方面能总结工作的经验，另一方面能及时把自己更新的能力曝光出去。

小李毕业于美国斯坦福大学电子工程系，之前一直在某个智能汽车公司工作，虽然工作勉强对口，却不是他最喜欢的方向。后来小李受邀参加了上海的一个自动驾驶论坛。当天，他作为技术代表分享了他做过的技术研究报告，没想到小李因此获得了一家车厂副总的工作。这份工作不仅给小李开出双倍的年薪，而且提供的方向正是小李更为擅长的。

小李的幸运就在于很好地利用了接触点。只有向别人曝光你的能力，工作机会才能主动找到你。

总结

这一节我主要讲了两点：第一是通过 SWOT 分析法分析自己的内部优势和外部机遇，规划好自己的职业发展，把每一次执行工作任务都当成历练、打磨自己的机会；第二是利用好接触点，增加对外的能力曝光，抓住各种场合建立好弱关系，为高效跳槽铺路。

思考题

SWOT 分析法不只可以做职业规划，还能用来反思自己的工作状态。想一想，在目前的工作中，你能发挥出自己的优势吗？你有哪些弱点会导致工作上的瓶颈，你能克服它们吗？你有哪些外部的机会和威胁，你有办法利用或规避吗？综合这些问题，你有更好的打算吗？

升职加薪： 打造个人品牌，短时间获得升职加薪机会

什么是个人品牌？你有什么样的名声，就有什么样的个人品牌。品牌是一个人的人设、标签、性格特点，是一种无形的资产。很多人利用品牌效应接广告赚钱，加快了人生的高效发展。在朋友圈中塑造一个属于你的人设，能够让认识的人在遇到问题时找你商量，从而让你的朋友圈活络起来并能为你所用。

为什么个人品牌如此重要？我们要重新理解互联网时代下的品牌。也许你的父母或者祖父母有着一辈子效力于一家公司的经历，但是在一个公司工作40多年的时代已经不复存在了。如今，在大多数专业人员的职业生涯中，他们变换公司、在不同的职业之间穿梭游走，他们大多都有自己的个人品牌。只要建立强大的个人品牌，就能在机会成熟时争取到一系列的机会，适应时代的发展。经营好你的个人品牌，才是个人长期的、移动的铁饭碗。

在互联网的影响下，每个人的力量在不断被放大，我们不再是传播链条终端的接受者，而品牌也不再是唯一的信息输出；每

个人都变成了信息的节点，都有机会将信息传播出去。当每个人都可以成为信息节点时，分享就变得至关重要。

再不起眼的个体，都可以拥有自己的品牌。你在朋友圈的转发、评论或是随手写几句感想，都是在塑造你的品牌。这些行为能让别人知道你原来有这些想法和心情，能够反映你是一个什么样的人，从而决定别人会以什么样的方式和你交流、相处。在互联网时代，个人品牌日益成为主流特征，产生巨大影响力。

我的生活中也有很多个人品牌打造得非常好的朋友。我的一位朋友倪律师，在深圳拥有非常广的律师人脉，还是社交网络律师领域的关键意见领袖，法律领域的知乎大V。他利用自己的个人品牌影响力，拓展了多重身份，获得了比同行更多的资源和发展空间。

由此可见，在互联网时代，当你的人脉和信誉积累到一定程度后，你就会形成你的个人品牌。有了个人品牌，你就可以在互联网社会中进行独立的价值交换，更快地变现或将其发展成为你的职业。学会打造个人品牌，会让你走得更远。那么我们应该如何从零开始建立个人品牌呢？

个人品牌的建立与维护：PDCA 循环模型

PDCA 循环又叫质量环，是管理学中的一个通用模型。PDCA 的 4 个字母分别代表着 Plan(计划)、Do(执行)、Check(检查)

和 Action(纠正), PDCA 循环就是按照这样的顺序进行项目管理的。将 PDCA 循环引入个人品牌的建立与维护中,可以分为以下几个阶段。

计划阶段:首先进行品牌定位,即给自己一个独特的定位,让自己的特质凸显出来。

第一步,你需要做自我分析,明确自己的优势和劣势。第二步,在自己比较擅长和感兴趣的领域,给自己设定一个长期目标,也就是明确你要在哪个领域建立个人品牌。

品牌定位会使你更加清楚地认识品牌的价值和作用,更加明白自己的努力方向和要达成的目标,从而打造属于自己的受欢迎的品牌。

执行阶段:有了计划阶段的分析,在明确了个人品牌的关键影响因素之后,你就要按照自己规划的蓝图一步一步地实施。比如,当有一个好的想法在头脑中显现的时候,我通常会记录下来,然后将其当成项目去做,并制订一系列行动计划。

检查阶段:进行实施结果与计划的比较,看是否完成了计划。

行动阶段:对成功的经验加以肯定并适当推广、标准化;对失败的教训加以总结,以免重现,并将未解决的问题放到下一个 PDCA 循环。

我在开发"超级搜索术""快速成为解决问题的高手""超级高效术""信息整理 14 讲"等爆款课程时,并不是一瞬间就开发出来的,而是循序渐进地将开发课程当成科研项目去做。

在计划阶段，我做了市场调研的工作，制订了一系列时间计划表，然后根据计划执行项目。等一系列课程开发出来之后，我再进行检查和市场推广等活动，不断通过市场的打磨推动个人品牌的形成。

曾经有一位学员通过"在行"平台找到我，就自己的职业发展和学习规划向我咨询。他自己就是做管理咨询的，只是几年忙碌的咨询师生涯让他开始疲倦，他想转型，想打造个人品牌，却不知道从哪里下手。我给他的建议是：用PDCA的方法计划打造他的个人品牌（见图6-3）。

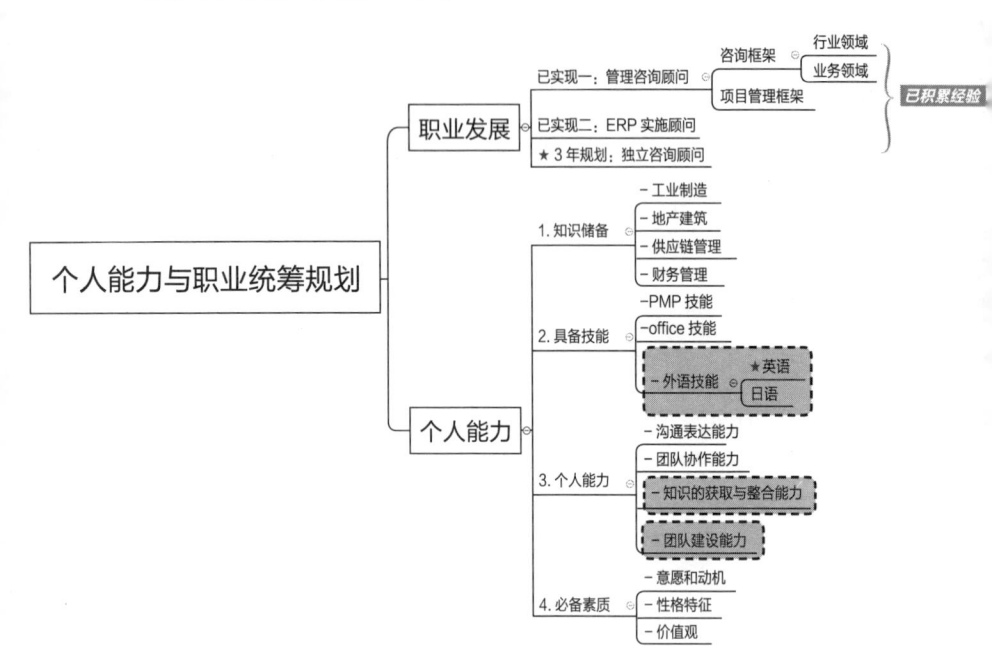

```
个人能力与职业统筹规划
├── 职业发展
│   ├── 已实现一：管理咨询顾问
│   │   ├── 咨询框架 ── 行业领域
│   │   │              业务领域     } 已积累经验
│   │   └── 项目管理框架
│   ├── 已实现二：ERP实施顾问
│   └── ★3年规划：独立咨询顾问
└── 个人能力
    ├── 1.知识储备
    │   ├── 工业制造
    │   ├── 地产建筑
    │   ├── 供应链管理
    │   └── 财务管理
    ├── 2.具备技能
    │   ├── PMP技能
    │   ├── office技能
    │   └── 外语技能 ── ★英语
    │                   日语
    ├── 3.个人能力
    │   ├── 沟通表达能力
    │   ├── 团队协作能力
    │   ├── 知识的获取与整合能力
    │   └── 团队建设能力
    └── 4.必备素质
        ├── 意愿和动机
        ├── 性格特征
        └── 价值观
```

图6-3 用PDCA法打造个人品牌

计划阶段：第一步，先用思维导图工具做自我能力和职业发展的梳理。他作为管理咨询顾问有着五年的工作经验，同时有较强的项目管理经验。第二步，在他最擅长且感兴趣的领域里设定一个长期目标。他希望在三年时间里成为独立的咨询顾问，并顺利地开一家属于自己的工作室。

执行阶段：拆解大目标。如果想要三年成立一家工作室，那么他首先需要利用两年的时间积累更多的项目经验，同时需要积累自己的人脉资源以及信誉资源。同时他还需要借助互联网的力量，推动个人品牌的发展。因为之前从来没有在互联网上分享过咨询经验，所以他需要在朋友圈宣传、知乎推广、在行进驻、微博分享方面制订相关更新计划和推广运营计划。

检查阶段：在执行阶段性目标时，他要反复对照终极目标与自己的实际情况，检验自己的定位，不断修正与调整。他还需要记录每天的文章计划、咨询计划，每天需要进行自我复盘，检查哪里做得好，哪里做得不好。

行动阶段：通过大量的行动和刻苦的练习，他需要将工作室所需要的人脉资源和资金支持一步步筹集好，从而逐步打响个人品牌。

建立成功的个人品牌需要品牌营销的推动

4C 理论，即从消费者的角度出发，将品牌营销拆解为客户需求（customer）、成本（cost）、沟通（communication）和便利（convenience）。基于4C理论中的沟通层面，我们提出让品牌说话的概念。让品牌说话可以延伸出的具体方法有塑造品牌公信力、打造品牌故事感以及塑造企业家品牌。

塑造品牌公信力，就是要让更多的用户产生好感，进而发生购买行为。我们要让用户信任，但是获取信任不是一蹴而就的，这对于产品本身有着非常高的要求，在思考品牌传播策略时，要优先考量如何让产品以最快的速度获取用户的信任。

因此，我们要打造一个权威的品牌形象。要塑造一个权威形象，我们可以通过权威人士的认可或者权威媒体的报道，以及和权威机构合作的方式去实现。比如，普通人可以通过联系知名的微信公众号为品牌进行宣传，在知乎上建立账号回答一些关于自己品牌领域的问题。如果你是一个对教育领域有想法的人，那么你可以通过回答大量教育领域的问题，塑造自己专业的形象；当你的回答获得高度认可后，你就可以打造个人品牌的权威感。

打造品牌故事感，并不是去虚构故事，为了讲故事而讲故事。进行品牌传播的故事必须围绕品牌将核心价值展现出来，从而让用户更容易接受。打造品牌故事感可以从讲述品牌故事和挖掘用户故事着手。

那什么是好故事呢？这里有一个构成好故事的基础公式：好故事＝愿望＋行动＋情感。

你有什么愿望是一部分群体所共享的？为了这个愿望，你付出了什么行动，传递了什么样的情感与价值？你要把你的故事写下来，寻找自己的价值，去看看能不能吸引你想要吸引的人，从而打开更大的世界。

除此之外，我们还要塑企业家品牌。为什么我们要塑造企业家品牌呢？因为每一个成功品牌的背后，一定有一个优秀的个人形象，而好的个人形象能够体现品牌的核心价值观。那么如何塑造企业家品牌呢？我们可以从找对标签入手。如果你要打造一个育儿专家的形象，那么"育儿""教育"就是你的个人标签。除此之外，我们在社交媒体账号中需要为自己打造一个好的形象，比如一张专业的朋友圈形象照片，这是很多人都会忽略的问题。大多数好机会都会通过互联网渠道找到你，因此在网络平台上能够代表你个人品牌的照片一定要传递专业的形象。

我在建立个人品牌之初就拍摄了形象照。因为会用到的地方特别多，这组形象照拍得特别值。互联网上的交往很难看到本人，所以这组形象照就代表了我们在互联网上的形象。在我打造个人品牌的时候，可以使用的标签其实有很多："英语""在线教育高管""信息素养""妈妈副业赚钱""高效学习""香港大学深造""IP打造""爆款课经验"等。但我最终以"搜索术"为切入点，向"信息素养"延伸，因为这既是我的研究兴趣所在，又是我未来20年的事业方向。现在我给自己的定位就是信息素养普及者。但我最早对自己的定位是学习科学领域，于是给自己的微信公众号起名为"学霸星球"。早期的定位与后面"信息素养"主题关联，所以我在个人品牌方面仍有很长的路要走。

你如果也想打造个人品牌，那么可以学习上面的方法：第一，在各大平台持续分享自己的专业知识，提升公信力；第二，学会讲故事；第三，给自己塑造一个好的互联网形象。只要不断地持续行动，普通人也可以拥有个人品牌。

如何设计品牌成长曲线呢？当你找到个人品牌的切入点和撬动点时，你就可以开始设计自己的品牌成长之路了。但是在漫长的成长过程中，你需要一个系统的成长规划。这是一个升级打怪的过程，你要不断地规划你的目标，去实践并且适时调整。在这个过程中，你还需要不断地拓展有效的人脉。人脉是强大的工具，你要找到志同道合的人并互相学习、鼓励、促进。这些人脉不但会给你鼓励，还可以为你提供资源和信息。

建立品牌生态系统

如果想打造好自己的个人品牌，那么你的背后一定要有一群支持你的人，主要包括品牌导师团、品牌后援队、品牌目标受众。

在宣传个人品牌的时候，我得到了飞鱼船长、阿何、坤龙这些先行者的指教，了解到了互联网知识付费的进驻渠道，后来才在各大平台开展我的课程。在建立一个优秀的个人品牌时，找好你的入门导师可以让你少走很多弯路。

首先，成立一支自己的品牌后援队。在建立个人品牌的过程中，你会遇到很多的困难。此时，你需要一些支持和鼓励，帮助你走得更远。这个品牌后援队可以是家人，也可以是工作助理。

其次，做好市场调研。做好这项工作可以让你知道市场需求是什么，接受你的价值传递的用户是哪些群体，用户需要什么形式的表达，你的影响力可以通过什么途径被放得更大。同时在这个过程中，你也可以找到值得你学习和借鉴的榜样，并且看看他们的成长路径。找到了市场需求这个撬动点，你就能找到个人价值的放大器。当你找准自己的品牌目标受众并且熟悉你的用户时，持续不断地做好用户体验可以给他们带来价值。这个时候，你的个人品牌就会不断地得到支持和传播。

最后，建立你的社交媒体矩阵。随着互联网的迅速发展，线上传播成为我们不可忽视的力量，当然，线下传播也同样重要。个人品牌传播主要分为四大渠道：

（1）自媒体：微博、微信公众号、音频、视频（如抖音、快手等）。

（2）社交平台：微信朋友圈、知乎、头条。

（3）网站：个人网站、其他目标网站。

（4）线下社交：行业展会、专业培训、工作坊、读书会。

大家可以根据各自品牌运营的需要选择适合自己的渠道，并不是全部平台都要打造。因为每个渠道在运营维护的过程中，需要耗费大量的精力和时间。因此，我们可以从一个宣传方式开始重点打造。不断扩大自己的影响力，显现出品牌价值。同时，我们要学会逐步上手操作。要打造一个比较好的个人品牌，最简单的方法就是用好你的朋友圈，用好你注册的各大自媒体账号，可以找你感兴趣的相关领域的大V，看看他们是怎么发帖、怎么做内容的，从中学习写作、拍小视频、讲段子的技巧。

总结

我们要清楚地认识到互联网时代下打造个人品牌的重要性，再小的个体也可以有自己的品牌，个人品牌越来越成为我们不可忽视的力量。为此，我们学习了如何从零开始建立个人品牌以及如何设计品牌成长曲线，并引领大家打造出独一无二、不可替代的个人品牌。在这个快速发展的时代里，拥有个人品牌能够让我们从容不迫地面临时代的任何挑战，加速高效人生的发展。

思考题

请根据你的自身状况，制订个人品牌推广计划。

赚钱机器：实现"睡后收入"能养活自己

每次看到"全国最新平均工资收入，你拖后腿了吗？"这一类型标题的文章时，不少人总是忍不住点进去看一线城市的平均收入是多少。但一线城市的房价动辄几百万元，想要靠工资买房的可能性微乎其微。

想让收入跑赢房价，不能只靠工资，因此如何从零开始打造一台自动赚钱机器，是每个人都可以提前思考和尝试的事情。在此，我要帮助大家打开赚钱的思维，从创业的三步骤和赚钱的五种方式中发现更多的选择，并找到适合自己的赚钱工具及方法。

"睡后收入"，指一个人即使不工作也能持续增加的被动的收入。平时上班赚的钱，都叫作"主动收入"，一旦你不上班了，收入也就停止了。相对而言，"睡后收入"属于"被动收入"，即便不干活也不会影响你的收入状况。

睡后收入主要有两种来源。一是"让钱为你工作"，即金融投资，比如投资股票、基金、债券等金融产品。这部分收入是我抵御通货膨胀的重要手段。二是"让生意为你赚钱"，即你的生意会不断产生资金，而你又不必亲自参与打理生意就能产生效益，比如房东收房租、作家收版权费、电商生意等。这部分收入要持续积累和创造。

如今，打造"睡后收入"的门槛越来越低，普通人也可以做到。下面我来讲讲打造赚钱工具的心法。

打造赚钱机器：普通人如何寻找商机？

随着生活成本越来越高，很多人除了本职工作之外，还会开启另一份职业来提高自己的生活质量。随着时代的发展，工作也不是一成不变的。美国的研究表明，自 20 世纪 70 年代末以来，经济活跃人口中有 10%~30% 的人在五年内至少有过一次职业变化。面对这些变化，想要提前过自己想要的人生，我们需要有一双发现财富的眼睛。

普通人如何在生活中发现长期赚钱的商机？首先，我通过创业三步骤总结了普通人可以模仿赚钱的五种模式；其次，通过这些赚钱方式，我结合案例给大家进行思维引导，从而起到抛砖引玉、打开思路的作用。

在创业的过程中，我们通常会做的事情是看市场、看时机、看竞争。在自己感兴趣的事情上，我们要做三个步骤的分析。

（1）看市场：深入调研国内外市场，判断市场是否饱和。

市场调研是一种识别目标市场中的机会、问题，并进行改进和评价的工具。无论是线上还是线下的生意，我们都可以借助这个工具发现当下市场中存在的机会。比如，想做线上生意的时候，我们可以在淘宝、天猫上搜索当下自己想要进入领域的市场占比情况是怎么样的，是否具有稀缺性。线下的生意，我们可以调查想要进入区域的商圈状况，以及是否有竞争者、人流状况、租金等信息。

（2）看时机：根据行业所处的阶段，判断未来趋势。

行业的选择也是影响机会的重要判断因素。在一个发展势头较猛的行业里，哪怕是猪都会跟着飞起来，若是前几年选择互联网工作，那么个人的增长起点就比较高。例如，近几年社交电商是个比较热门的趋势，我们可以了解一下什么叫作社交电商，它和我们有什么关系，从而发现一些机会。

提到行业的选择，我想起几年前我还是一个上班族的时候，我在网上搜索了非常多关于线上教育的资料，我推测线上教育将是未来发展的必然趋势，因此我所有的职业选择都与线上业务有关，而互联网让我实现了人生的逆袭。

（3）看竞争：看对手和看自己，分析有无入场机会。

看对手，分析有无行业痛点问题。看自己，结合自身优势找突破。例如，不少女性朋友都喜欢服装这个行业，但是这个行业无论是线上还是线下，都是一个非常饱和的市场状态。我有一个非常喜欢美学的女性朋友,她看到了女性服装行业的痛点——质量参差不齐,不能满足不同体型女性的穿着要求。因此,她想出了移动衣橱这个卖点,开了一家线上微店。同时,她深度思考了一下自己的优势——具备极好的地理优势,即身处服装制造工厂附近,可以挑选出满意的产品,做好每一位顾客的定制服务。这个线上的微店开满一年的时候,她就着手开设线下工作室,之后还推出一系列极具个性的丝巾品牌、珍珠品牌。慢慢发展出自己独特的美学品牌,从零到无限想象的创业之路就这样出现了。

从上面的案例中我们可以得出:只要能够做到为别人解决难题,你在这个市场中就有赚钱的机会;同时将精力集中在你知道的、能做的和拥有的东西上去思考问题,你就会拥有更大的想象空间。

通过上面探索的方式,我发现市场上目前存在五种普遍的赚钱方式,它们分别是技能劳动付出型赚钱模式、关系赚钱模式、资源优势赚钱模式、信息差优势赚钱模式、机会趋势赚钱模式。

(1)技能劳动付出型赚钱模式。这是一种最普遍的赚钱模式,即付出自己的时间和劳动赚钱,比如线上兼职、网上翻译、PPT定制、文案写作。

(2)关系赚钱模式。在工作中积累了一定人脉后,就会产生一些关系。当你发现这些人脉中需要某些资源的时候,你就可以通过推荐的方式赚钱,比如通过人脉销售自己的产品,或者撮合其他人的合作。大家都可以看到的微商、微店,便属于关系赚钱模式。

（3）资源优势赚钱模式。指的是通过盘点自己已有的资源，在此基础上开启赚钱模式，比如售卖家乡特产、售卖自家的产品。

（4）信息差优势赚钱模式。指的是通过提前知道一些信息，或者知道少数人才知道的信息的赚钱模式，比如知道哪些地方因为规划建设将带动房地产的价格上涨。在深圳证券交易所刚开的时候，就有人利用信息差优势，挖掘了人生第一桶金。这需要平时多观察、多思考，保持敏感，你会发现，机会并没有想象中那么难找。

（5）机会趋势赚钱模式。指的是通过观察掌握社会的发展趋势，看到一些发展的好机会，比如投资牛市时的股市或投资一些发展好的行业。

我们既可以选择单一模式，也可以进行多重组合。下面我给大家分享一下我的学员聪聪如何通过"技能劳动付出型＋资源优势"的模式组合赚到钱的。聪聪大学毕业后，有一段时间在家里闲着，而她平时是一个非常喜欢逛淘宝店的人。在很无聊的情况下，她发现淘宝上有一款酒产品和她父母卖的产品一模一样，而且竞争者非常少。她还发现竞争对手的产品文案非常差，而她有写文案的特长，因此她决定开一家淘宝店。在开店的第二天，就有人自动下单。她也没有投放任何推广费，只是凭借自己的文字和图片，就赢得了很多顾客的订单，从而成功开启一个可以带动被动收入的赚钱模式——前期只要更新图片和写文章，后面就可以直接利用App操作整个被动收入的流程。

从这个案例里我们可以得出：从市场上分析，聪聪在开店之前进行过相关市场调研，发现这是个未饱和的市场；从时机上分析，这是个互联网时代，电商一直处于向上发展的趋势；从竞争上分析，聪聪发现对手的文案能力弱，她可以在文案上下功夫并吸引客户。同时，聪聪在这个过程中付出了个人技能——写文案的能力，又借助自家资源卖酒，开启了"技能劳动付出型+资源优势"的组合赚钱模式。

我的另一个学员小张，他是一个PPT做得特别好的人，公司里大多数的PPT都出自他手。他经常接到定制PPT的订单，也有一定的收入。在这个过程中，他意识到光靠接单是不能长期维持的，但是他没有粉丝、没有人脉，也没有背景。后来他通过一段时间的潜心打造，将自己的作品放在网站上免费让别人下载。因为作品足够漂亮，所以吸引了大量的人下载使用。后来，该网站的运营总监主动联系了小张，愿意帮助小张做更多的推荐。因为PPT网站给的流量，小张开启了自己的第二份事业，就是通过课程教别人做PPT，从而获得了非常不错的收入。开启了"技能劳动付出型+关系组合"的赚钱模式。

打开关于如何赚钱的思维，不仅是为了启发大家如何赚钱，关键还是让大家在知道如何赚钱之后，有意识地启发自己打造赚钱机器。有些赚钱方式是需要技能的，在这个过程中，我们需要集中学一些技能，以便建立长期有效的赚钱方式，从而实现被动收入不断增加。

如何打造和运转未来赚钱工具？

如何在未来打造可以产生被动收入的赚钱机器？我主要从三个方面给大家提供不一样的思路，并深度挖掘如何赚钱的秘诀。

（1）从消费升级中把握机会。消费升级带来新的消费场景，带来市场的洗牌，从而带来新的商机。比如，洗发水这个人人熟悉的东西，也存在很多升级空间。

我的舅妈一家生活在上海，以前家里用的是超市里的飘柔、海飞丝等产品。自从教会她如何海淘，她就开始代购一些日韩潮牌。而现在，她家浴室里的洗发水大多是她喜欢的微信公众号推荐的小众品牌，在包装和文案上非常有创意——一瓶洗发水的价格，从20元左右一路"蹿"到了200多元。舅妈说："只要效果好，为头发多花点钱完全值得。"

由此可以发现，随着收入的增长，我们不再满足于基本的生活需要。消费偏好开始与生活品质、情感因素、个性化和设计感相关，不再那么重视细微的价格差异。当人们跨过实用和低价的需求，开始愿意为情绪、氛围、生活品质花更多的钱时，消费升级也在悄然发生。

随着这几年网红经济的兴起，喜茶、奈雪的茶、三只松鼠、江小白等这些有情怀、有质感的品牌迅速走红。在这个快速发展的时代里，人们需要更好、更有情感的商品。这也意味着，在衣食住行、娱乐文化这些行业里，通过盘点好自己的资源，迎合消费升级的趋势，我们就可以把握住时代机会。

（2）抓住新兴行业的发展趋势。前几年，只要会写作、会分享，你在新媒体行业中就可以获得很好的发展机会。而随着5G时代的来临，网络上出现越来越多的视频，视频经济将是未来发展的一个趋势。抖音有句很棒的口号："记录美好生活。"从中我们可以看出，多发让人感到美好的人或事的视频，就有受到大众的青睐的机会。维修师傅徐大道、渔民阿杨等通过拍摄记录生活中那些有趣的事情，收获了非常多的粉丝。

（3）养老行业是潜力巨大的行业。我国老年人口增长速度快，老龄化超前于城市化发展；截至2018年年底，65岁以上的老年人口超过1.67亿。当看到这些信息的时候，我不禁想到了父母养老的问题。

大多数人都会面临养老这个问题。2013年，我国进入了"养老元年"，开始关注养老问题。现阶段，我国推行的养老模式主要为"9073"模式，即90%的老年人由家庭照顾，7%的老年人享受社区居家养老服务，3%的老年人享受机构养老服务。

由于我国居民的观念相对传统，"老有所依"占据了较为重要的位置。同时，养老市场的发展相对不成熟，规范程度以及专业化程度较低，养老行业的发展尚处于破冰阶段。这也意味着养老行业存在较大的发展机会。比如，老年娱乐、老年人社交、老年人伴护、养生健康、养老院等这些项目都还未得到完善的开发。

而中国与日本在人文观念、人口结构等方面都很相似，因此可以借鉴日本"居家养老＋养老服务"以及"养老社区＋专业化护理"的模式。整体来看，在成熟的养老模式中，规范经营与专业化程度都较高。相较之下，我国养老产业的发展还有较大的成长空间。

总结

在互联网快速发展的当下，一根网线将时间和空间的距离迅速缩短，开展副业再也不需要借助庞大的资金，只要有想法就能实现。在5G时代，更多普通人的才华将借助互联网的力量得以呈现。得益于社交媒体的发展，好的想法可以低成本实施。在品牌和影响力方面，我们已经实现了去中心化，发声的渠道不再被垄断，流量也随着各种平台应用的崛起而迅速重新洗牌。对于每个普通人来说，这都是巨大的机会，是我们向他人学习的机会，更是我们传播自己的价值，形成个人影响力的机会。这不仅仅是一种商业价值的探索，更是我们挖掘自己的潜力、拓展人生边界的好时机。每个人都可以经营自己的个人品牌，就像经营自己的人生那样——保持好奇，不断舒展自己。

思考题

哪几种副业形式适合你？你想先从哪一块入手，增加自己抗衡未来不确定性的筹码？

风险规避：用好工具，提前规避风险

人生中不可预测和可预测的风险有哪些？我们可以做哪些事情来规避风险？这些都是高效人生的必修课。幸福的人生需要保驾护航，你需要懂点风险常识。

人生中的风险

在人生各个阶段，你都有可能遇到风险，比如，旅游途中的人身安全风险、股市中的金融风险等不可预测的风险，或者过度饮食导致的慢性疾病、技术进步带来的失业等可预测的风险。不可预测的风险，我们称之为黑天鹅事件，而可预测的缓慢发生的风险，我们称之为灰犀牛事件。

人生中不可预测的风险——黑天鹅事件

黑天鹅事件这个名词主要用于金融行业，指突发的不可预测的意外事件。在普通人的一生中，也有可能面临黑天鹅事件，比如交通事故。而有时候黑天鹅事件也可能是幸运事件，比如，因为一个视频突然走红，或者一次意外中奖。

通过"黑天鹅"的概念，我们可以学到：你不知道的事比你知道的事更有意义。你可以审视一下自己的生存环境，数一数自你出生以来周围发生的重大事件、技术变革和发明，它们有多少是在你预料之中的。

黑天鹅事件启发我们日常要有风险意识。人生难免会遇到意外，当意外来临时，我们应该如何面对？

（1）认清并适应，同时想好下一步要怎么办。当在人生中遇到意外的时候，我们首先要做的就是建立良好的心态，同时思考下一步的方向，不沉迷于意外的悲伤中。做好下一步的行动永远比抱怨重要得多，比如，在觉得工作上没有升职机会的时候，我们可以为自己多规划一下道路，挖掘自身优势，在优势上进一步成长，而不是自暴自弃地放弃成长。

（2）收集黑天鹅事件，从中学到一些对人生有帮助的启示。我们要多看一些新闻，并且要警惕一些天灾人祸，从而建立自己应对危难的应急机制。灾难电影、死里逃生的纪录片等都是演练如何应对意外的有效范本。

（3）保持对世界的思考与敏感。对于时代发生的变化、读到的资讯，我们要读懂信息背后反映了什么变化，同时保持迎接变化的开放心态，并不断做出调整。

人生中可预测的风险——灰犀牛事件

什么是灰犀牛事件呢？简单来说，灰犀牛事件指影响巨大、预兆明显的事件。灰犀牛事件包括：我们看到却视而不见的危险事件，比如，知道考试即将来临，却还没有做好复习计划；在工作中看到了行业发展的局限性，虽然迷茫，但是依然不做出任何改变；知道有很多事情需要主动搜索才能得到解决方法，但是一直不行动。

在生活中，你是否经常懊悔，新年刚立下努力标杆说要做出改变换工作，半年过去了还是一样，继续在生活里迷茫着？其实这个是灰犀牛事件的特点——积少成多即是祸。

健康上的坏习惯：熬夜、暴饮暴食，日积月累之后就会引发身体的各种疾病危险。

财务上的坏习惯：知道记账很重要，但是从来不记账，资产和负债常常分不清，将信用卡随便用，错把负债当资产。最后，人到中年依然还没有财务上的成就。

人脉关系的坏习惯：不懂社会的交际规则，要寻求人脉帮忙的时候，却没有一个人可以伸出援手。

时间管理的坏习惯：年轻的时候觉得时间很多，随意浪费自己的时间，等到机会来临的时候，却没有时间去准备。

面对亲人的离世：知道父母、爱人有一天都会离开，但是很多人没有接受过死亡教育，迟迟不能走出悲伤困境。

以上这些都是人生中会面临的灰犀牛事件，虽然在大多数情况下发生的概率不高，但是它会随着时间的流逝而提高风险发生的概率。

灰犀牛事件启发我们，日常要注意对可预测的风险做好防患措施，对于有隐患的事情不要视而不见，要认真对待。

如何在资产上为风险设置保障？

大学的时候，我有幸进入财富管理行业实习，并对财富管理也产生了浓厚的兴趣，阅读了不少相关的书。个人兴趣加运气，使得我在投资这条路上走得非常顺利，取得了较好的投资收益。对于我的两个孩子，我意识到任何物质财富都无法比拟孩子的健康成长。于是我学习了保险方面的知识，为整个家庭的健康发展推进了一步。理财和保险是我们从出生到老去都无法回避的话题。

而应对灰犀牛事件的方式之一便是购买保险。在我看来，选择购买保险很多时候源于我们对家庭的爱和责任。在家庭中，我们主要会面对四大类的风险：意外、疾病、养老、守富。

第一类风险叫作意外不可控风险——生活中的意外随时都会到来，只是不知道时间。如果有一份意外险保护着我们，那么这将省去很多不必要的麻烦。

第二类风险较不易控，这就是疾病风险。随着年龄的增长，人生病的概率也在不断提高，很多人会因病返贫，而保险恰好可以规避这一类风险。

第三类风险叫作必然要面对的风险，也就是养老。年老后，我们面对风险的精力和身体不如年轻的时候，这时保险可以保证我们老有所依。

第四类风险叫作财富的保全和传承风险。中国有句古话"富不过三代"，其实说的就是财富传承的问题，而这一类型的保险可以让我们辛辛苦苦累积的财富得到很好的传承。在如何将我们的财富传承给子女，构建家族传承的事业这个问题上，保险这个工具显得尤为重要。

那么在家庭中，如何进行个人、孩子、父母的保险规划呢？

在我的人生中，我给自己设计的保险规划主要基于表6-1，这个表格适用于每个人。保险也是我们人生中的一笔重要财富，大家可以根据自身状况一步步设置和积累。

给自己配置保险时需遵循以下规则：

（1）根据自身经济状况购买保险。关于保障类和储蓄类的保险，我们可以分步购买，从而一步步将自己需要的保险产品配置完善。

（2）保险配置主要从两方面考虑：涉及医疗补偿的保险（如住院医疗险、重大疾病险），是为了让自己不被疾病掏空腰包；涉及身故补偿的保险（如定期寿险、意外险），是为了让家人能够继续维持原来的生活水平。

表 6-1 保险规划

投保讲究顺序			
角色顺序（从左往右） 产品顺序（从上到下）	自己	父母	子女
保障类	意外险	意外险	意外险
	医疗险	医疗险	医疗险
	重大疾病险		重大疾病险
	定期寿险		
储蓄类	年金（终身养老险）		年金（定期教育金）
	中短期储蓄		
	终身寿险		

为父母买保险时要注意以下几点：

（1）确保父母双方都有社会医疗保险。不管是城市的居民医保，还是农村的"新型农村合作医疗"，没有的话，我们必须第一时间给父母把社会医保办好。

（2）遇到疑难杂症，不少人会选择带父母去北、上、广等大城市就诊。所以，我们要提前研究好医保的异地结算流程，确保不让医保"白交"，这一点非常有必要。

（3）详细了解父母的身体健康情况，对症下药买保险。

为孩子配置保险也有几个技巧：

（1）作为父母，我们要先把自己的保险配置好，因为我们才是孩子最大的"保险"。

（2）在购买任何商业保险之前，我们务必先为孩子办理当地的少儿医保——这是政府给予的福利，一定要充分利用。

（3）结合自身预算，我们首先要配置高保额的重大疾病险和住院医疗险，其他的保险则量力购买。

如何选择省钱的投保渠道，避免掉进保险代理人的坑呢？

有段时间，你可能发现身边的亲戚突然开始做起了保险业务，几个月之后却悄然无声了。如果你从亲戚那里买了保险，那么后续发生的问题向谁咨询便没有了下文。这也是保险行业的一个痛点。但是现在，随着互联网的便利，我们花十几块钱就可以在网上买到保险。

互联网的出现不一定会改变你购买保险的方式——你既可以选择网上投保，也可以选择通过保险业务员购买，但它一定会改变你对保险的认知和决策流程。只有充分利用互联网，把"了解保险知识"当成保险规划的首要环节，你才会避免掉入保险行业的许多陷阱。

互联网时代，信息量巨大，我们需要对信息进行鉴别。关于保险，我会在中国保险监督管理委员会和中国保险行业协会这两个网站上了解更多知识，同时这两个网站也可以鉴别关于互联网保险功能的真假。

目前绝大部分保险信息都在中国保险行业协会的官网上面公布，如果你想了解更多关于保险的动态，那么可以在网上浏览，从而快速掌握保险业的一手信息。

在中国保险监督管理委员会这个网站上,我们可以了解关于互联网保险的真伪问题,以及保险行业最新发布的信息。比如"关于xxx保险售完就不上线"等新闻的真伪,我们可以在通过此途径进行鉴别,也就不容易受到营销信息的干扰。

总结

人生会面临各种风险,有些风险是不可预测的,但是我们依然有办法将这些风险变成可预测的。我们在未来的道路上要训练自己把不可预测的事件变成可预测的事件,同时提高自己的行动力,防患于未然。这样,我们在打造高效人生的过程中就会变得顺畅很多,而不会让风险阻碍了我们的人生进程。

思考题

请根据自身情况,给自己设计一份高效合理的保险规划,并且说明理由。

结语

在电影《黑客帝国》中，主角尼奥曾经面临一个选择：吃下红药丸还是蓝药丸。蓝药丸带来幻觉、美好、甜蜜、幸福。红药丸会让人步入残酷的现实世界。我曾想选择为自己构筑蓝药丸的世界，做童话里长不大的彼得·潘。但最终我选择了现实的红药丸，选择接纳世界与存在本身。因为我相信，无论是否愿意接受，"立足现实，永远朝向更美好的人生去努力"这个惊心动魄、意义非凡的过程，就是刻在人类基因中的本能。

罗曼·罗兰说过："世间只有一种真正的英雄主义，就是看清生活的本质后，依然爱它。"不要叹惋自己没有过硬的背景和丰富的资源，在这个时代，只要你勇敢置身其中，高效地思考问题，紧盯未来的方向，你就能拥有一个开始。我们现在可能并不富有，但我们可以从这一刻开始设计自己的赚钱机器，想想第一笔"睡后收入"从哪里来，根据人生不同阶段做好金钱的规划。与此同时，利用工具尽可能提前规避可预测和不可预测的风险。不论你处在优势位还是被动位，从零开始为未来积蓄能量资产，都是现阶段最该做的事。我所强调的个人积蓄最大化，不仅仅指房子、车子、票子这些有形资产，还包括储蓄友谊、知识和健康这些重要的无形资产。无形资产具有非常强的持续性，可以在人生的关键时期产生效益流。对每一位普通人来说，我们要确保的就是，不要到了幸福来敲门时，才发现没有打扫好迎接的场地，没有能力承接机遇。

我希望你们能够选择勇敢地接住那颗红药丸，直面现实，亮出已经被你们磨得发亮的剑。这是一个残酷却充满机遇的时代，我们都不应该置身局外。在这场旅程中，你会逐渐打磨出适应时代的心智算法。这套算法会更高级、更扛打，也会更有效，它只属于你。你的心智算法越高级，适应能力越强，人生的体验感也就越好。当机会来临时，你已经站在高位，只等风起。

我希望你们能扎实地使用好这本书教授的知识，形成自己的独立思考、积极实践的能力。只要稍稍动动手、动动脑，你的世界便能每次优化一点点。也许更好的存在本身就是我们的最终归宿。

我希望这本书能够真正地从各个能力和认知角度帮助你们升级心智算法，并让你们获得更好的存在体验。愿你们拥有自信与力量，高效地前行！【扫码关注微信公众号"学霸星球"（xuebaxingqiu），回复"书单"即可获得作者个人升级必读书单】